問題解決力より重要なビジネスリーダーのスキル

プロの
課題設定力

IBM ビジネスコンサルティング サービス
清水久三子
Kumiko Shimizu

東洋経済新報社

はじめに

昨今、「問題解決」は市民権を得た言葉となってきました。ビジネスパーソンに限らず、小学生を対象とした問題解決の書籍も出ています。

一方で、本書でご紹介する「課題設定」は、比較的なじみの薄い言葉ではないでしょうか。少なくともスキルやノウハウとしては、まだまだ認知されていないようです。しかし課題設定は、問題解決と同じかそれ以上に重要なビジネスのコアスキルなのです。

私たちコンサルタントの仕事は多岐に渡りますが、その1つに課題設定があります。「現状」と「あるべき姿」を把握し、「あるべき姿」になることを阻害している「問題」を見極め、それを解決する手だてを設定する。これが課題設定です。一言で言うと、「今、何をやるべきかを見極める」ことです。

何をやるべきかを見極める。言葉にすると簡単ですが、実は難易度が高く、ビジネスの成否はある意味ここで決まります。どんなに問題解決力が高く、業務処理能力が優れていても、最初のスタート地点である課題設定を間違えては、それらを発揮することはできないからです。その後どんなに頑張ろうとも、間違った方向で成果が出るか、かけた労力と比べて見劣りする成果しか得られません。

「あるべき姿」を設定するというと、「それはマネジメント層の仕事だろう」と思われるかもしれません。しかし、現代のビジネスシーンでは、この課題設定が現場のビジネスパーソン一人ひとりに求められているのです。

かつては「出る杭は打たれる」などと言われていました。「言われた仕事をそのとおりにやるのが一番」という考えがありました。「何をやるべきか」はマネジメント層が考えることで、現場は言われたことを忠実に迅速に実行する。環境変化が予測できる時代には、それが有効なやり方だったのです。

しかし今、ビジネス環境は予測不能になり、複雑性も増しました。たとえ指示されたり依頼を受けた仕事であっても、「そもそもなぜこれをやるのか?」「どうあるべきなのか?」「本質的な問題はどこにあるのか?」「もっとよいやり方はないのか?」と自らの頭で「何をやるべきか」を考えることが、一人ひとりに求められているのです。

「言われたことをきちんとやろう」というスタンスで仕事をしても、上司も顧客も、もはやなかなか満足してくれないでしょう。出世やキャリアアップを望めないだけでなく、もっと安く早く請け負うライバルが現れる脅威もあります。あるいはＩＴがさらに高度化すれば、「言われたとおりにやる」仕事そのものが徐々に減っていくでしょう。

もちろん、「何をやるべきか」の回答が、上司や顧客の失笑を買うようなものであれば「余計なことを考えずに言われたことをやれ」となるのがオチです。相手を納得させ、相手の期待を上回る成果につながる課題設定をする必要があります。

この課題設定ができるようになれば、あなたはプロフェッショナルとして認められ、「またあなたに仕事をお願いしたい」と言われる、代替不可能な人材になれるのです。と同時に、これまで磨き上げてきた問題解決力や、業務知識や、あるいは常日頃の頑張りが、非常に効率的かつ効果的に、仕事の成果に反映されるようになるのです。

そんな課題設定のスキルを皆様にも身につけていただきたく、本書を執筆しました。

第1章では、「課題とは?」「課題設定力とは?」をご説明します。何のために必要なのかが、ここで腑に落ちているか否かで、第2章以降の理解度が違ってきます。

第2章では、課題設定における「視座」「視野」「視点」という「3つの視方《みかた》」についてご紹介します。これらを鍛えることで課題設定の精度を向上させることができます。

第3章から第5章では、実際に課題を設定するアプローチをご紹介します。まず正確な情報収集（インプット）に始まり、次に緻密かつ柔軟な思考で課題を検証し（プロセス）、最後に誰にでも伝わる形でフォーマットに落とし込む（アウトプット）。各段階における手順、ポイント、注意点、ツールとその使い方についてご紹介します。

経営戦略の短命化が進み、ビジネスパーソンが求められるスキルも高度化している現代。一人ひとりがプロフェッショナルとして代替不可能な存在にならなければ、活躍することはもちろん、生き残るのも難しくなってきました。

本書から課題設定のノウハウを学び、皆様が「またあなたに仕事を頼みたい」というプロフェッショナルとしてかけがえのない一言を得られることに少しでも貢献できれば、著者としてこれに勝る喜びはありません。

プロの課題設定力　目次

第1章 なぜ今、課題設定力が求められるのか？

第2章

課題設定の精度を上げる3つの「視方」

第3章

課題設定のアプローチ①

インプット――情報収集と現状分析

第4章課題設定のアプローチ②

プロセス——課題の組み立て

第5章
課題設定のアプローチ③

アウトプット——課題として出力する

●装丁——重原隆
●DTP——畑政孝

第1章

なぜ今、課題設定力が求められるのか?

1……課題設定力とは?

課題と問題の違いは何か?

本書でこれからご紹介するのは、課題設定のスキルについてです。このスキルを身につけることで、あなたの仕事のパフォーマンスと、人材としての市場評価を、ワンランクもツーランクも高めることができます。

なぜそんなことが可能なのか。どうすれば身につくのか。それについては追々詳しくご紹介していくことにしますが、まず第1章では、

そもそも課題とは何か?　課題設定とは何か?
なぜそれが必要なのか?
なぜ課題設定力があれば仕事のパフォーマンスが高まり、評価も上がるのか?

について説明しておきます。

ここでまず、本書の最重要キーワードでもある「課題」という言葉の定義を、ハッキリさせておきましょう。おそらく読者のみなさまも、社会人になる以前から、それこそ小学生の頃から「クラスの課題」「学力向上の課題」など、日常的に耳にし、口にしている言葉だと思います。だから、「何を今更？」と感じても無理はありません。

しかし、次のような質問を投げ掛けると、意外に返答に困る方も多いのです。

課題と問題の違いは何ですか？

もちろん、文脈や、その言葉が使われる状況によっても、微妙に意味やニュアンス、レベル感が変わってきます。ですので「課題とは？」「問題とは？」という問いに対して唯一無二の絶対的な答えはないのですが、少なくとも本書で「課題」「問題」と記述するときには、何を意味しているのか、そこを明確にしておかないと、「課題設定（力）」についてきちんと理解してもらうことも、そのノウハウを習得していただくこともできません。

本書では、「課題」「問題」を、次のように定義することにします。

●課題……「現状」と「あるべき姿」のギャップを把握した上で、「現状」を「あるべき姿」にするために、なすべきこと。

●問題（点）……課題の達成（「現状」を「あるべき姿」にすること）を阻む要因。

ですので、本書でご紹介する課題設定とは、

「現状」と「あるべき姿」を正確に把握し、「現状」を「あるべき姿」になることを阻む優先順位の高い「問題」を見極め、「現状」を「あるべき姿」に近づける方法を考えること。

ということになります。なんとなく、わかっていただけるでしょうか？

より正確に、「課題」「問題」を理解していただくために、課題設定力・問題解決力、そして目標達成力という3つの力を比較した架空のストーリーをご紹介しましょう。この3つの差異、概念としての上位下位を理解していただければ、よりスッキリと「課題（課題設定力）」「問題」について、腹オチしていただけることと思います。

課題とは何か？

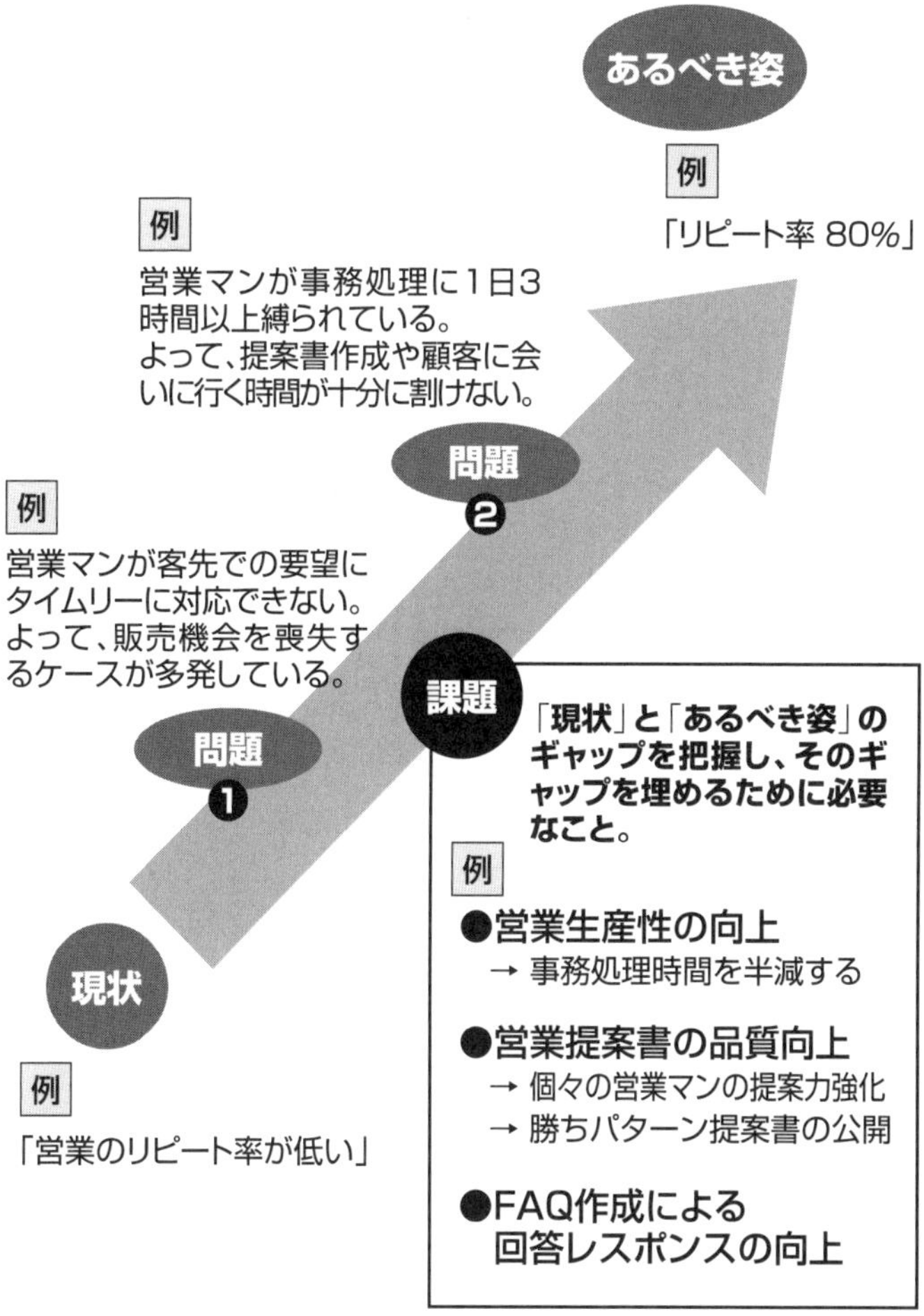
あるべき姿
例
「リピート率 80%」
例
営業マンが事務処理に1日3時間以上縛られている。
よって、提案書作成や顧客に会いに行く時間が十分に割けない。
問題
❷
例
営業マンが客先での要望にタイムリーに対応できない。
よって、販売機会を喪失するケースが多発している。
課題
「現状」と「あるべき姿」のギャップを把握し、そのギャップを埋めるために必要なこと。
例
●営業生産性の向上
→ 事務処理時間を半減する
●営業提案書の品質向上
→ 個々の営業マンの提案力強化
→ 勝ちパターン提案書の公開
●FAQ作成による回答レスポンスの向上
問題
❶
現状
例
「営業のリピート率が低い」

1 ……… 課題設定・問題解決・目標達成の位置関係を把握するストーリー

A部長の悩み

ここに一人の部長がいます。A部長といい、企業のホームページ作成を代行するA社の営業部長です。昨年、他社からヘッドハントされて部長職に抜擢されました。

彼には悩みがありました。それは、自分がA社に来て以来、営業部の受注が落ちてきているということです。部員は皆、バタバタと忙しそうにしていて、士気も下がってきているようです。そのことを社長からも指摘されていました。来月の役員会では、何らかのよい報告を期待している、という言葉とともに。

次の日、部員に探りを入れてみたA部長は、こんな声を複数から耳にしました。

「営業日報を書くのが負担だ。あれだけで毎日30分は時間をとられている」

営業日報の提出は前任者から続いている業務で、A部長もそれを引き継ぎ、全部員から毎日日報を受け取っています。

どうやらここに、何らかの原因がありそうです。

「目標達成コンサルティング」Bさんのケース

A部長は、付き合いのある「目標達成コンサルティング株式会社」のBさんに、相談しました。

Bさん「なるほど、営業日報を書く時間が30分もかかって、外回りの時間が減ってしまっているということですか」

A部長「そうらしい。日報なんて、その気になれば半分の時間で書けるはずだ。目標としては、15分で書かせること。指導と徹底をお願いできないかね？」

Bさん「その目標、必ず達成して見せましょう」

翌日からBさんは、A社の営業部に常駐し、ストップウオッチを片手に「日報を15分で書く」ことを徹底させました。厳しく時間をチェックするので、営業部員から鬼呼ばわりされることもありましたが、それでもあえて嫌われ役を引き受け、その甲斐あって1週間後には、全員が15分で営業日報を提出するようになりました。

Bさん「社長、目標を達成できました」
A部長「ありがとう……、うん、ご苦労さん」

A部長はそう言って、Bさんを見送りました。あまり返事がさえなかったのは、目標は達成できたものの、営業成績がそれほど回復していなかったからです。むしろ日報に対するストレスが高まり、営業部員の士気が、前よりも低くなっていることが気になりました。そしてもう1つ。Bさんの仕事に感謝しつつも、「これなら最初から、若手社員にストップウオッチを持たせて監視させるか、営業部員の机に1台ずつアラーム付きの時計を置くだけでもよかったかな」、というのが正直な思いのようです。

「問題解決コンサルティング」Cさんのケース

次にA部長は、「問題解決コンサルティング株式会社」のCさんに、相談に行きました。

Cさん「なるほど、確かに『日報を書く時間を短縮する』という目標は達成しましたが、むしろ営業成績の向上という意味では逆効果ですね」

A部長「そうなんだよ。単に時間を短縮しても、これじゃあ意味がない。問題は、『営業日報が、時間・手間・メンタルでの負担になっている』ことだと思うんだ。これを解決してくれるかい？」

Cさん「無理矢理に短時間で日報を書かせるだけでは、かえって負担が大きくなりますからね。わかりました。その問題の解決は、私にお任せください」

Cさんはそう言うと早速、営業日報の合理化に取り組みました。日報の書式をフォーマット化し、必要事項を穴埋めしていけばどんな日報も10分で書ける仕組みを作りました。また日報の提出方法も、これまで紙に印字して、上司の印鑑2つをもらわなければ出せなかったやり方を、ネット上で記入して、クリック1つで提出できるように変更しました。日報のシステム化は、1週間とかからずに効果を発揮し始めました。

A部長「ありがとう。営業部員からも『日報を書く手間と時間が省けた』と好評だよ。一番遅い営業部員でさえ10分もかからなくなった」

Cさん「それはよかった。今度、携帯電話からも入力できるシステムもご提案させていただきます。移動中の小間切れ時間にでも営業日報が書けるようになりますので、営業部員の方の時間の効率化やストレスの軽減が、もっと可能になります」

A部長「ありがとう。おかげで営業成績も持ち直し始めているようだ。さすがだね」

そう言ってA部長は、Cさんを見送りました。日報に手間暇をかけることがなくなり、外回りに使える時間が増えたことを、営業部員全員が歓迎しました。営業成績も、以前から比べると、少し（時間短縮できた「20分」分くらい）回復してきているようです。

やれやれ、ひとまずこれでよし。役員会で吊し上げに遭わずに済みそうだ。もっと効率化を求められたら、またCさんに相談してみよう……。

「課題設定コンサルティング」Dさんのケース

と、そこへ「課題設定コンサルティング株式会社」のDさんが、A部長の元を訪ねてきました。最近ご無沙汰しており、近くまで来たので、顔を出してみたとのことです。A部長は、挨拶を交わした後に、試しにこれまでの顛末をDさんに話してみました。

Dさんは、少し考えてからA部長に「明日、またお会いする時間をいただけないでしょうか」と言いました。A部長は、すでにCさんが導入した日報のシステム化が営業部の問題を解決してくれたと考えていたのですが、ものは試しに、Dさんの話も聞いてみることにしました。

翌日、Dさんは A社を訪れ、A部長にこう切り出しました。

Dさん「あれから、御社の営業部員の方何人かとお話をさせていただきました。確かにみなさん、日報を書く時間が短くなったと、喜んでおりました」

A部長「そうでしょう。Cさんは本当に、良い仕事をしてくれました」

Dさん「おっしゃるとおりです。ただ、営業成績は、以前よりましになったとは言え、それほど回復はしていないとお見受けいたしましたが、どうでしょう？」

A部長「まあ、それはその、急には無理だろう……」

Dさん「そもそもA部長が目指していたのは、『営業成績の回復』であって『営業日報を早く書くこと』ではないですよね」

A部長「もちろん。だが、そのためにも営業日報の書く時間を減らすことは重要で」

Dさん「日報を書く時間を短縮することより先に、するべきことがあるのでは？」

A部長「……どういうことかね」

Dさん「聞き取り調査をしてわかったことがあります。彼らが日報を書くことを苦痛と感じていたのは、書く作業にあるのではなく、書く意味にあったのです」

A部長「続けてくれ」

Dさん「私も『営業日報を書くのが負担だ。あれだけで毎日30分は時間をとられている』といった話は耳にしました。しかし、目指すべき方向を『営業成績の回復』として、営業日報についてさらに話を聞くと、『そりゃ、短時間で書けるに越したことはないけど』と前置きしつつ、彼らはみんな、こう言っていました。『そもそも、何のために書いているのかがわからない。だから負担だ』って」

Dさんが営業部員の方に聞き取り調査した結果をまとめると、こういうことでした。

営業日報を書いても、前の部長はフィードバックをしてくれたが、今は提出したら、それっきりだ。もちろん、A部長や役員は日報の内容を把握して、有効に役立てているのだろうけれど、営業部員からすれば、まるでブラックホールに吸い込まれていくようで、日報を書いても手応えが感じられない。自分の仕事がどのように見られているのか、どう評価されているのか、そこがわからないから士気も下がる。また、自分の営業活動に役立つアドバイスがあれば、それを実践して結果につなげていきたいのに、何もないから顧客へのサービスにもつながらない。

Dさん「つまり『あるべき姿』を『営業部員が高い士気を保ち、効果的な営業活動を行い、成果が出ている』とするのであれば、『現状』は『営業部員の士気低下による営業成績の低迷』であり、そして『現状』を『あるべき姿』にすることを阻害しているのが『営業日報が効果的に活用されていない』という問題です。その問題を解決するためには『営業日報を書くことの負担を減らす』ではなく『営業日報のフィードバックを適切にする』ことこそ、必要ではないでしょうか」

A部長「『日報を書くのに時間と手間がかかる』というのは問題ではなかったのか?」

Dさん「それも確かに問題かもしれませんが、『あるべき姿』を目指す上では、今はそれほど重要な問題ではないようです。現に、『きちんとフィードバックをしてもらえるなら、むしろ時間をかけて営業日報を書いた方がよい』と言っている営業部員もいましたから」

Dさんはノートを取り出し、自分の説明を箇条書きにして書き出して見せました。

●**あるべき姿**……営業部員が高い士気を保ち、効果的な営業活動を行い、成果が出ている

●**現状**……営業部員の士気低下による営業成績の低迷

●**問題**（の一つ）……営業日報が効果的に活用されていない

●**課題**……営業部員の士気向上

↓そのためには提出された営業日報に対して適切なフィードバックをする

Ａ部長はＤさんが書き出した課題を、まじまじと眺めています。

Ｄさん「営業部員の士気を高める方法は、もちろん営業日報のフィードバックだけではありません。しかし、来月に迫った役員会に取り急ぎ報告することを考えれば、今から実行して実績を出せるという意味では、妥当な施策です。また、日報のフィードバックを人事評価にまで結びつけるとより効果的だと思われますが、人事部のＪ部長は、きちんと根回しをしておかないとヘソを曲げてしまう方だと聞いています。ですので、あまり先走ってことを進めず、当面の打ち手として、『営業日報に対して適切なフィードバックをする』でいいでしょう」

A部長はすぐさま、Dさんの助言どおり実行しました。毎日の営業日報に対するフィードバックは、営業部員の士気を大いに高め、昨年の営業成績に急速に近づきました。Cさんの実行した営業日報のシステム化と相乗効果を発揮して、このままいけば昨年の成績を上回る勢いです。役員会で報告すると、みな満足しています。

役員会終了後に、A部長は人事部のJ部長に、営業日報のフィードバックを人事評価に関連づけることで、より営業部員の士気が高まるのではないか、と提案してみました。J部長は、「興味深い」と言って人事部内にその議題を持ち帰り、後日、レポートにして社長に提出しました。「これは、A部長からの提案から発展させた案件ですが」と言い添えるのを忘れずに。

こうしてA部長は、自らの成績だけではなく、社内の信頼を得ることに成功したのです。

A部長「Dさんは、私の期待を超える仕事をしてくれたな。○○の案件についても、彼に聞けばどんな答えを返してくれるだろう？　またぜひ彼に依頼したいな」

1「懸命」に「賢明」をプラスさせる課題設定力

課題設定を間違えると、問題解決も目標達成もうまくいかない

長いストーリーにおつきあいいただき、ありがとうございました。もちろん、この話は架空のモノで、かなり戯画化されています。しかも目標達成力や問題解決力が、課題設定力の引き立て役となっています。

勘違いしてほしくないのですが、目標達成力や問題解決力が、課題設定力より劣るスキルだというわけではありません。また、「目標達成コンサルティング」のBさんや「問題解決コンサルティング」のCさんが、「課題設定コンサルティング」のDさんより無能だということもないのです。

目標達成力も、問題解決力も、ビジネスパーソンにとって欠かせないスキルです。Bさんは「営業日報を書く時間を短縮する」という与えられた目標を達成しましたし、Cさん

は「営業日報を書く時間や手間が負担になって、外回りに出る時間が少ない」という問題を解決しました。BさんとCさんは、A部長の期待に応えるべく、一生懸命やりました。

本来なら、いずれも大変評価されてしかるべきことです。しかし残念ながら、A部長の期待に対して、Bさんはあまり応えることができず、Cさんは上回りはしなかったようです。なぜなら「そもそも、その目標を達成することが重要なのか？」「その問題を解決することが重要なのか？」という点でズレがあったからです。

上流・下流という視点で見ると、一番上流に位置するのが課題設定力で、その下に問題解決力、目標達成力が続きます。課題を達成するには、達成を阻害している問題を見つけ出し、その問題を解決する必要がある。解決すべき問題がわかれば、やるべきことの目標値を設定し、達成する。そういう位置関係にあるのです。

だから、もし一番上流にある課題の設定を誤る（あるいは、疎かにする）と、必然的に、その下流にある問題解決や目標達成でどんなに頑張ろうとも、顧客や上司の期待を超えられず、高い評価を得られる成果は出せなくなるのです。

課題と問題を間違えない

課題設定と問題解決の違いがわかっていない人が犯す誤りとして、よくあるのが、「課題」と「問題」を混同してしまうことです。もう少し正確に言うと、「課題を達成するために解決すべき問題」と、「課題の達成にあまり関係のない問題」の混同です。

繰り返しになりますが、課題とは、「現状」「あるべき姿」「問題」の3点セットで考える必要があります。「現状」を「あるべき姿」にしようとすると、障害となる様々な要因や事象が出てきます。これを「問題」と呼びます。そして重要なのは、「あるべき姿」の実現の障害になるものだけが「問題」だということです。

たとえば、先程の例でいうと、「営業日報を書くのに時間がかかっている」という現状があったとしても、それが「あるべき姿（営業部の成績を上げる）」の障害にはあまりなっていないのであれば、「問題」ではないのです。同様に、仮に「営業部員の遅刻が多い」という現状があっても、それが「あるべき姿（営業部の成績を上げる）」の障害になっていないのであれば、その課題における「問題」ではないのです。したがって、至急解決しなくてはならないものとして取り上げなくてもよいかもしれません。

「現状」から「あるべき姿」までを線で結んで、その間にあって妨げとなっている「問題」だけが、その課題で取り上げるべき「問題」です。今は、たくさんの「（一見）問題らしきもの」「（一見）やるべきこと」があふれています。ですので、本当に「あるべき姿」の実現のために解決が必要な問題が何なのかを見定めることが重要なのです。「問題」らしき事象や「一見、やるべきこと」らしきものにやみくもに取り掛かっていては、時間がいくらあっても足りませんし、成果にもつながりません。

「一生懸命」だけでは不十分。「賢明」も求められる

目標達成に向けて一生懸命頑張る。問題解決に向けて一生懸命頑張る。もちろん、一生懸命に頑張ることは大切です。しかし、努力する方向を間違えてはいけません。課題設定を間違えては、「努力」も「一生懸命」もひどく燃費が悪くなるということです。

努力する方向を誤らなければ、仕事は効率的に進められるでしょう。効率的に仕事が進めば、努力量そのものは減るかもしれません。あるいは、余った努力量を別の所に注力することも可能になります。

「一生懸命」という言葉は、かつては評価される必要条件のようなものでした。確かに頑張ることはいいことなのですが、やみくもに頑張るだけでは、評価される時代ではないのです。だから課題設定力が必要なのです。これを身につければ、賢明（＝Smart）に考えてから、一生懸命（＝Hard）に努力をすることが可能になります。そうすればあなたの仕事は成果が飛躍的に向上し、周囲の評価も大きく変わることでしょう。

4……誰にも課題設定力が求められる時代

かつては経営トップに求められていた能力

「『あるべき姿』と『現状』を把握して……、それって現場のやる仕事?」

「課題設定って、社長とか上司が、しっかりしてくれればいいんじゃないの?」

ついついそう思ってしまった人の気持ちも、よくわかります。実際、一昔前までは、それが正解だったのです。かつて、ビジネスシーンにおける役割分担は単純かつ明確でした。

会社が利益を出すための目標設定をするのは経営層(社長や経営に参加する役員クラス)の役割。設定された目標を達成するため、実行手段を模索して設定するのは管理層(課長などの中間管理職)の役割。さらに決められた実行手段を駆使して、設定された目標を達成するために実際に動くのが現場層(社員など)の役割、と。

つまり経営層・管理層が予測した状況下で、現場層は設定された指示に従って行動すればよかったわけです。このことは、現場層でやることは目標達成か、または問題解決で、課題設定は経営層もしくは管理層の役割だったと言い換えることもできます。

でも、それは過去の話。今では、そうはいかなくなってきました。

ビジネスの現場にも必要となってきた課題設定力

現場にも課題設定力が求められるようになった理由はいくつかあります。まず1つは、「変化が予測可能な時代」から「変化が予測不能な時代」に変わったことが挙げられます。「変化が予測可能な時代」とは、90年代までを想像してもらうといいでしょう。

戦後日本は、欧米先進国に追いつけ追い越せの高度経済成長を遂げてきました。この時代には、目の前には先進国というお手本があり、また市場も拡大し続けていたので、「やるべきこと」は明確でした。そして、トップが決めたことを、現場層がなるべく早く、全力で実行することが、企業にとっても個人にとっても、最も利益を生んだのです。「『現状』と『あるべき姿』は……」と考えているより、命令に対してそれに応えるべく迅速に行動することが、理に適っていたのです。誤解を恐れずに言えば、「自分で考える」社員よりも「考える間があったら行動する」社員が求められたのです。

しかし90年代以降、日本も欧米と肩を並べられる先進国の仲間入りを果たすと、もはやどの国も、お手本として追従することができなくなりました。同時に、産業や市場も成熟し、右肩上がりの成長を突き進むことができなくなったのです。どうなるかわからない、「変化が予測不能な時代」の幕開けです。

「変化が予測不能な時代」は、現在も続いています。この時代は、「どうすればいいか」を判断することが難しい。それに、ビジネスや組織は巨大化し、複雑化し、さらにスピードが求められるようになってきているので、経営者がすべてを判断して、決定することが不可能になってきています。

だから、現場レベルにも、課題設定力が求められるようになってきたのです。

たとえば、あなたが顧客との商談中に、先方の社内状況が変わったことを情報収集したとします。競合もどうやら察知しているようです。予想外の案件につながるかもしれませんが、上司からは「今の案件をフォローすること」としか指示を受けていません。上司や経営層はこのようなビジネスフィールドで起きている事象をすべて把握して、正確に事細かな指示を出すことはできないのです。仮にできたとしても、判断を仰いでいるうちに顧客の状況やニーズは変わってしまうでしょう。「そういう指示は受けていません」ではすまされず、「自ら『現状』と『あるべき姿』を考えて、打ち手を考えること」、つまり課題設定力が求められるのです。

現場層にも求められるようになった課題設定力

社内のケースでも、同様のことが言えます。職場のモラルやモチベーションが下がっている場合、あるいは業務がうまく連携できていないという問題がある場合、現場層の方がやるべきことが見えているということもありうるでしょう。そんなとき、「いや、社長や上司が何も言ってこないから」と見過ごしていいものでしょうか。

このように現代のビジネスシーンでは、現場層でも与えられた目標達成・問題解決をこなすだけでなく、自ら課題を設定をして仕事に取り組むことが求められているのです。

〔1〕……ビジネスパーソンすべてがプロフェッショナル

サッカーと野球の違いで見る課題設定力

課題設定力、つまり、「現状」と「あるべき姿」と、それを阻む「問題」を正確に見極め、的確な打ち手を考えるという力が現場レベルでも求められるということは、すなわち現場レベルの「プロ化」を意味します。プロ、というのは定義が難しい言葉ですが、ここで言うプロは、「自ら考えて仕事をし、付加価値を生み出せる者」「他者に貢献できる者」という意味です。「お金（給料を含む）をもらって仕事をしている人」ではありません。

プロと言えば「プロ野球」を連想する人もいるでしょう。実は、同じプロでも野球とサッカーを比較すると、現代を生きるビジネスパーソンにとって課題設定力がなぜ大事か、プロとして評価されるには何が必要かがよくわかります。

まず簡単におさらいです。野球とサッカーについて、違いの一部を見てみます。

●**野球**
……1チーム9人でプレイ。攻守交替制。担当する役割・範囲はほぼ固定。

●**サッカー**
……1チーム11人でプレイ。ポジションはあるが流動的。

「そんなこと、わかってるよ」と言われるかもしれませんが、この2つの競技を比較すると、ゲームのルールの違いによって選手に求められる判断力が変わってくること、そして、ビジネスの仕方に応じて求められる課題設定力に違いがあるということがわかってきます。

まず野球から。野球は攻守交替があり、打順や守備位置が決まっているなど、選手個人のやることが非常に明確に決められています。攻撃側は打者が出塁したら、次の打者の動き次第で走塁しなければならない。守備側は状況に応じて守備位置を内野シフト、外野シフトに変えたり、互いに守備のカバーに入ったりします。

それらのプレイについての判断は選手自身がしますが、守備側なら「ボールを取ったら、○塁に投げる」、攻撃側なら「走者が走る範囲はダイヤモンドの上だけ」と、だいたいその行動は固定的です。一人ひとりの判断は限定的になります。ビジネスに置き換えると、工場の生産ラインなど、業務の範囲が固定的な仕事は野球的な特性が感じられます。そこで働く人それぞれの役割が特化・専門化されているため、一人ひとりの判断が求められるのは限定的で、評価がしやすい。

対照的に、サッカーでは試合中に各選手が自分自身の判断を常に迫られながらプレイします。11人の選手のポジションも、一応決まってはいるけれど、状況に応じていつでも流動的に対処しなければいけない。ディフェンダーが前線まで駆け抜けてシュートを放つこともあれば、時にはゴールキーパーの攻撃参加だってあります。攻撃役であるフォワードが、長駆して守りに加わる場合もあるでしょう。

もちろんサッカーでも、監督やキャプテンから指示を受けてプレイする場面は多々あります。パス回しやオフサイドトラップなど定石の動きもあります。ですが、サッカー選手は、誰かの指示を待って動くよりも自分で判断する場面が圧倒的に多いのです。ピッチ上における90分は、流動的で、変化のスピードが速く、誰かがいちいち「10メートル前に進め」「足を振り抜いて蹴れ」とは指示してくれない。右に走っても左に走ってもよい。蹴ってても、胸でトラップしてボールを落ち着かせてもよい。パスをしても、ゴールを狙ってもよい。自分で判断する裁量が広いのです。

これは先程申し上げた「変化が予測不能な時代」のビジネスに通じるものがあります。

ビジネスにおける、一流のサッカー選手になるには

サッカーでナショナルチームの代表に選ばれる選手のほとんどが、いわゆる一流選手だと評価されています。

一流のサッカー選手は体格や身体能力、技術もさることながら、的確な状況判断をすることで結果を出しています。コーチや監督から課せられた練習メニューをこなし、指示どおり動くだけでは、一流の評価はされません。

ビジネスでも同じです。高学歴で高いスキルを研修で身につけたとしても、日頃の業務では顧客や上司に言われたことをただこなしているだけでは、いつまでたっても一定以上の評価はされませんし、自身の成長のチャンスを得ることも見込めないでしょう。

もちろん、徹夜仕事をたくさんすれば高い評価が得られるわけではありません。誰よりも長く速くピッチ上を走り回っているものの大勢に影響できないサッカー選手に対しては、監督もファンも「あの選手、頑張ってるけどね」と思うだけです。

先程ご説明した、「『懸命』に『賢明』をプラスさせる」という言葉を思い出してください。

結果を出している一流のサッカー選手は、パスが出された時に「たまたまそこにいた」のではなく、状況判断をしてその場所に先行しているのです。試合全体の流れを読み、チームの勝利をイメージし、そのために何をすべきかを判断し、高いパフォーマンスを発揮しているのです。

この一流のサッカー選手がやっていることは、ビジネスにおいては、現状を知り、あるべき姿を描き、それを実現するために解決すべき問題を把握し、自分の能力を発揮して、それを解決していることにほかなりません。つまり彼らは、課題設定をしているのです。

6……プロのビジネスパーソンが評価される基準は「期待」

点数化しにくいプロフェッショナルの評価

これからのビジネスにおいて、現場を含め一人ひとりが、プロフェッショナルの自覚を持ち、課題設定力を磨いていかなければ認められないことは、おわかりいただけたかと思います。課題設定力の優劣が、特にホワイトカラーの優劣と言っても過言ではありません。

ところで、課題設定力の優劣は、どのように評価されるのでしょうか。

先程のスポーツの例をまた引っ張りだすと、野球のように、比較的行動が固定的である（課題設定力を発揮する範囲が少ない）場合は、評価がしやすいのです。その人が何を達成すべきかがわかりやすく、打率、三振数、盗塁数、ホームラン数、エラー数など、選手個人の評価指標を設定しやすいと言えるでしょう。

ところが、サッカーの場合はそうはいかない。もちろん、ゴール数やアシスト数などの評価指標はあるものの、たとえばディフェンダーでしたら、ボールに直接触ってシュートを防いだことがよいのか、相手がシュートを打てない位置に守っていたことがよいのかというのは、試合の状況によって異なります。フォワードが、ひょっとしたら点を取れるかもという好機を得たとします。しかし、「あるべき姿（チームの目標）」や「現状（現在チームの順位）」などを考えれば、リスクをとって攻め込み、カウンターで失点する恐れがあるなら、むしろボールをキープして時間を潰す方が正解かもしれません。この場合、そのフォワードに「得点1」は記録されないのですが、それでも評価は高まるでしょう。

変化の激しい現代のビジネスシーンにおいても、これと同じ事が言えます。「○○件、営業先を訪問しました」「企画書を○枚提出しました」「指示どおりに、週イチで部下とミーティングをしました」だけでは、プロとしては評価されないのです。自ら課題を設定し、考え、動く必要があるのです。

では、その課題設定の優劣は、どのようにして決まるのか。鍵は「期待」にあります。

ビジネスでは「期待を超える」ことが求められる

ここで少し課題設定力について、横に置いておいてください。そして、これからのビジネスプロフェッショナルが、何をもって評価されるのかを、考えてみてください。

「きちんと、（上司やクライアントに）言われた仕事をした」

かつては、これで評価されました。でも、これからはそうはいきません。

「きちんと言われた仕事をしているのに、どうして自分は評価されないんだろう」

そう思ったことはありませんか。

上司であろうと、クライアントであろうと、あなたに仕事を頼む人は、さまざまな「期待」をしています。そして「期待以下」、というのは論外ですが、これからのビジネスシーンにおいては、実は「期待どおり」というのも、あまり評価されないのです。そこにはビジネスパーソンの「プロ化」という背景が関係しています。

私がコンサルタントの仕事を始めた時、叩き込まれたのは「期待を超える」ことでした。クライアントの「期待」を超えるのは、プロフェッショナルとしての仕事の基本姿勢だ、と。逆に「期待どおり」に言われたことだけに終始していては、たとえ高い能力やスキルを持っていたとしても、プロフェッショナルとして認識されないのだ、と言われました。

同じことが、コンサルタントの世界だけでなく、一般企業のビジネスパーソンにも求められるようになってきているのです。

期待どおりでは、5段階中の3でしか評価されない

「期待を超える」とか「期待どおり」といっても、漠然としてつかみ所がありません。そこで、「期待」を5段階で考えてみることにしましょう。

「1（Below expectation）」

明らかな「期待以下」です。冒頭の営業日報の例なら、コンサルタントのBさんが、「すいません、営業日報を書く時間を15分にしろ、ということでしたが、どうハッパをかけても20分を切ることができません」とA部長に報告するようなケースです。期待を大きく裏切るので、評価は最低のランクです。

「2（Needs Development）」

必要最低限、指示したことはやってくれた状況です。Bさんが「日報を書く時間を15分にしました」と報告した例が、これにあたるでしょう。たしかにA部長の言ったことは実行しましたが、部長が想定した期待値（営業成績を上げたい）には達しておらず、評価は高くありません。

「3（Good）」

ここでいわゆる「期待どおり」。必要最低限の評価です。コンサルタントのCさんが行った日報のシステム化が、これにあたるでしょう。A部長の指示（日報を書く時間を短縮する）どおり、期待どおりの結果を出しました。

でもビジネスにおいては、１００点満点で言うと70点くらい。求める内容が高いと思われるかもしれませんが、プロフェッショナルとしての仕事に対する要求はそれくらい高いものなのだ、と考えてください。

「『期待どおり』にやって70点ということは、１００点満点のテストで言えば１２０点、１５０点を取らないと駄目、と言っているようなものじゃないか」

とても理不尽な要求が突きつけられているかのように思うかもしれませんが、でも、これが現実なのです。

「4（Very Good）」

期待を上回る成果です。プロが認められるのは、ここからです。「大変よくできました」というレベルで、初めてクライアントや上司の満足を得られますが、これでも１００点満点で言う80点くらいだと、私は考えています。

「5（Outstanding）」

期待を大きく上回る、際だった成果。ビジネスにおいてクライアントや上司が求めているのは、実はここです。あなたにプロフェッショナルとしての仕事を頼む以上、標準ラインを大きく超えた結果を出して、「ここまでやってくれたの？　さすがはプロ、すごいね」と感動されるレベルです。

そして、ストーリーに登場したDさんの仕事こそ、4か、あるいは5の仕事と言えます。

「3（期待どおり）」でさえ、プロとしてはやっていけない

とりあえず「3（期待どおり）」の成果を出していれば、次の仕事は普通にもらえるでしょう。ですが、新たな仕事や多くの人がやりがいを感じるような仕事をなかなか任せてもらえないし、他の人との優劣がなければ出世も遠のくかもしれません。

なぜかと言えば、「期待どおり」程度の成果を出せる労働力なら、アウトソーシングによって確保することが検討されている時代だからです。指示どおりに動いている人でよければ、職種によってはフリーで働いている人達に業務委託することも可能です。むしろその方が、正社員として常に雇用しておくよりも、ビジネスの必要性に応じて人材調達できるというメリットが企業にはあります。

通信手段などが発達しているので、コストの低い海外に任せることも視野に入ってくるでしょう。最近では中国やインドなどのグローバルリソースの活用が、多くの企業で検討・実施されています。かつては、低コストが魅力でしたが、現在は能力も向上してきていますので、「期待どおり」の成果も言語や地理的な壁を越えて出せるようになってきていると言えます。また、コンピュータとIT技術が進歩すれば、ますます「言われたことを忠実にしてくれる」「期待どおりの成果を出してくれる」人を雇う必要がなくなります。

企業にとってコスト削減は常に望まれていることですから、「期待どおり」に誰もがこなせそうな仕事は、このようにアウトソーシングされる傾向が強まります。「期待どおり」の仕事しかしなければ、あなたの仕事自体がなくなってしまう可能性もあるのです。

今まではボーターラインが5段階評価で言う「2」で、改善が必要と評価された人材が指導を受けたり、キャリアチェンジの検討対象でした。しかし、「期待どおり」が様々な手段で代替可能になった今では、評価が「3」＝「期待どおり」の成果を出している人材さえも自身の仕事のスタイルやキャリアを考えなければならなくなったと言えます。

これが現在、特殊な職業だけでなく、ビジネスパーソン全般に対して、プロフェッショナルとして求められている仕事のあり方です。厳しいようですが、これが現実です。

しかし考え方を変えると、「期待を超える」仕事ができる人は、非常に市場価値が高いということも忘れてはいけません。どれだけライバルが多くても、期待を上回る成果を出すことができれば、プロフェッショナルとして認められ「次の仕事もぜひあなたにお願いしたい」と代替不可の存在として認められるのです。

「期待を超える」ポイントは課題設定力にあり

これからのビジネスパーソンは、プロフェッショナルとして、クライアントや上司の期待を超える仕事をしなければならない。ここまではおわかりいただけたことでしょう。

「『期待を超える』ために、一生懸命やるぞ！」

気合いを入れて頑張るのはとてもいいことです。でも、ここでいったん、考えてみましょう。恐らくあなたはもう、すでに一生懸命頑張っているのではないでしょうか？ そして、あなたがこれまで頑張った仕事の成果が、単なる「期待どおり」であり「期待を上回らなかった」理由は何でしょうか？

顧客や上司の期待を上回る仕事をするには、何をすればいいのでしょうか？ そのためにはまず「期待」が何か、それを明確にしておくことが大切です。つまり、何を頼まれたのか、どういう状態になればよいのかをはっきりさせる。当たり前のようですが、原点です。

注意すべきは、顧客や上司でさえ、自分の中で「この期待を上回って欲しい」という基準を、ハッキリ自覚しているわけではないということです。だから、指示や依頼に額面どおりに応えるだけではダメなのです。

「言われたことをやったではないか」

「あの人の言うことは、毎回変わるんだよな」

そんなグチを言っていても始まりません。

この仕事は最終的にどういう状態になっていればよいのか。この仕事では特にどの部分は絶対に失敗してはいけないのか。この仕事の困難な箇所はどこで、自分がチャレンジしなくてはならないのはどこか。スピード重視なのか品質重視なのか。一生懸命に取り組む前に、明確にすべきことはいくつかあります。「期待を超えなくては！」とただやみくもにハードワークに取り組むよりも、その方があなたにとってもやりやすく、効率的です。

「期待」されているのが何であるのか、それをはっきりさせずにただただ、言われたことを額面どおりに、一生懸命にやるだけでは、一生「期待」は超えられないのです。時間をかけてトライ&エラーを繰り返せば「期待どおり」にはなるかもしれませんが、その後どれだけ頑張っても「3」の評価が「3A」「3AA」「3AAA」になるだけです。「すごい期待どおり」止まりで、そこから「4」には届かないのです。

では、何が必要か。それが課題設定力です。

「何をすればいいのか」を言われる時代は終わった

たとえば「AをBにする仕事をしてほしい」と言われたとします。これをそのままやること（＝こなすともいえます）、つまり「AをBにしました」は「期待どおり」という結果です。「言えばできるのかもしれないけど、言われたことしかやってくれない」という惜しい評価を受けることになります。

では、「期待を超える」仕事はどうやったらできるのか。単純に「AをBにするために寝る間も削って一生懸命やる」ということではありません。言われていないこと、つまり明確にされていない「期待」を見つけ出さなければなりません。

そのためには「なぜ今、AをBにしなくてはならないのだろう？　そして、最終的にはどういう状態になっていればよいのだろう？」という考え方が、原点となります。「今何が起きているのか＝現状」と「最終的な状態＝あるべき姿」を考えると、「AをBにする」以外のことがたくさん出てくるのです。もっとよいやり方も出てきますし、場合によっては「AをBにせず、Cにすべき」ということも取り組む前に見えてきたりします。仕事に取り掛かる前に「現状」と「あるべき姿」をはっきりさせると、自然と顧客や上司の期待を超ええる可能性が高まってくるのです。これはまさに、課題設定にほかなりません。

「期待していたのはAをBにすることだったのに、自分では気がつかなかったそれ以上のことをやってくれた！」

顧客も上司も嬉しい驚きで、あなたに感謝することでしょう。期待を上回る仕事ができるプロフェッショナルなビジネスパーソンは、課題設定がうまい人なのです。

7 ……… 課題設定力を身につける方法

課題設定力は経験だけでは身につかない

課題設定力とは何か、なぜ必要か。第1章では、そういったことを述べさせていただきました。では、どうすれば課題設定力が身につくのでしょうか。

目標達成力や問題解決力であれば、現場経験を積むことで自然と伸びていきます。日々仕事をこなしていくだけでも、多くの経験知を得ることができるので、いずれの力も着実に向上していきます。

しかし課題設定力は、経験を積むだけでは高まらないのです。なぜか。先にも述べたとおり、課題設定とは「現状」を見据えて「あるべき姿」を見つけることです。そして「現状」も「あるべき姿」も、目の前に具体的な答えとして存在する事象ではありません。自分自身で探しだし、考えないと、見えてこないのです。たとえどれだけ現場経験を踏もうとも、ずっと指示待ちで仕事をしていては、「あるべき姿」を設定して自律的に動くことなどできません。それらを明確にするための「課題の視方《みかた》」というものは一朝一夕に身につくものではないのです。

「視座」「視野」「視点」の意識が課題設定力を高めていく

課題の設定には、一定のノウハウがあります。このノウハウを意識して仕事をすれば、いずれ課題設定力が高まります。これについては、第3章以降、順を追ってご説明していくことにしましょう。

次の第2章では、まず課題設定力の基礎とも言うべき「視方《みかた》」を鍛える方法をご紹介していくことにします。この「視方」を鍛えることは、相撲で言う「四股と鉄砲」とも言うべき重要な基礎トレーニングです。

「現状」を見て「あるべき姿」を見つける。言うは易く行うは難しの例に漏れず、その「あるべき姿」「現状」を正しく見ることは、誰にでもできるわけではありません。当然、そこを見誤れば、その間にあって達成を阻む「問題」をも見誤ることになります。

課題設定力向上に不可欠な「視方」の鍛え方について、次章で「視座」「視野」「視点」という切り口からご紹介していくことにしましょう。

第1章

課題設定の精度を上げる3つの「視方《みかた》」

1……課題設定に必要な「視方」

正しく「見る」ことから始まる課題設定

第1章では「課題設定とは何か」「なぜ課題設定が必要なのか」について説明しました。本書で読者の皆様に一番伝えたいことは、ビジネスにおいて欠かせない課題設定を、どうすればうまくできるのかという具体的な手法です。しかし、それを述べる前に、ぜひ知っておいてほしいことがあります。それは課題を適切に設定するための基礎体力とも言える、大切な力――「視方《みかた》」についてです。

「現状」を正しく捉えることで「あるべき姿」が見えてきます。「あるべき姿」を正しく捉えることで「問題」も見えてきます。そのために必要なのが「視方」です。

課題設定の具体的手法については第3章以降でご紹介しますので、この第2章ではまず、課題設定の精度を高める「視方」について、お話をさせていただきます。

課題設定の3つの「視方」

視座	誰がどんな目的を達成するための課題なのか。
視野	どのような広がり（空間軸）と長さ（時間軸）で課題を捉えるのか。
視点	どのように課題を切り出すのか。

3つの「視方」

課題設定の精度を高める上で、意識しなければならない「視方」は3つあります。「視座」「視野」「視点」です。この3つが課題設定の基礎体力と言うべきものです。

「視座」を高め、「視野」を広げ、「視点」の鋭さを磨く。大雑把に言えば、この3つの能力を伸ばしていくことが、あなたの課題設定力を伸ばすのです。

これらの能力をどのように意識していくことで課題設定力は高めていけるのか、この章で説明していきます。

視座① 2つ上の「視座」から課題を捉える

その課題は、誰の課題か？

課題とは「現状」と「あるべき姿」から「問題」と、それを解決するために考えた打ち手のことです。そして当たり前のことですが、課題は常に、「誰かにとっての課題」です。「課題の持ち主」の役割やポジションが変われば、必然的に「現状」も「あるべき姿」も「問題」も変わります。また、「誰のものでもない課題」は存在しませんし、厳密な意味では「誰にとっても同じ課題」というのは存在しません。必ず、「誰か」にとっての課題なのです。

その「誰か」を、きちんと把握できていますか？

よくあるのは、課題を何でも自分の目線で捉えてしまうことです。自分の見えている範囲で「現状」を認識したり、自分の基準で「あるべき姿」を決めたり、自分の興味のある切り口から「問題」を探そうとしたり。

自分の基準からすると、「問題はこれに違いない」「これくらい達成すれば十分だろう」ということも、顧客や上司からすれば「それは、どうでもいいことでしょう」「その程度しかできないの？」と思われてしまうことはよくあります。

その課題は、誰にとっての課題なのか。この仕事は誰に満足してもらうためにやるのか。そして、その誰かは、課題をどう見ているのか。これをしっかりと認識しておく必要があります。

課題設定に必要な3つの「視方」の1つ目、それが「視座」です。課題設定をするためには、課題の持ち主、つまりあなたに仕事をお願いした上司やクライアントである、その誰かの立場に立って見なければなりません。そうすることではじめて、その課題の持ち主の期待を超える成果を出すことができるのです。

「視座」を2つ上げる

では、誰の「視座」で課題を設定すればいいのか。

「あなたに仕事を命じた上司」「仕事を依頼したクライアントの担当者」ではありませんので注意してください。なぜかと言うと、その人たちの「視座」で課題を考える限り、頑張っても「命じた上司」「クライアントの担当者」の「期待どおり」までの成果しかあげることができないからです。

「期待を超える」には、もう1つ「視座」を上げる必要があるのです。

たとえ話です。

あなたは、上司である課長から仕事を命じられました。この時、課長の「視座」から課題を設定することが正しいでしょうか？　あなたが営業部員だとします。ミーティングの場で課長から「今月は1人当たり、新規顧客を10件獲得するのが目標」と言われたとします。この10件という数字はどこから来ているのでしょう。

課長はさらに上の上司たちから、「君の課は今月、最低でも80件の新規を出すように」と目標数字を知らされて、それを課長が部下の数で割っただけかもしれません。では、課長に下りてきた数字は誰が、どういう根拠で出したのでしょう？　部長が部下であるすべての課長に出した数字を集めると、より広い社内の状況が見えてきます。部長としてはどのようにしたいのか、その思惑も見えてきます。

また、あなたに仕事を命じた課長は、仕事の成果を部長へ報告しなければなりません。そのとき、課長が部長に対して報告しやすい成果であれば、それは課長にとって「期待を超える」仕事になります。

課題を考える上での「視座」

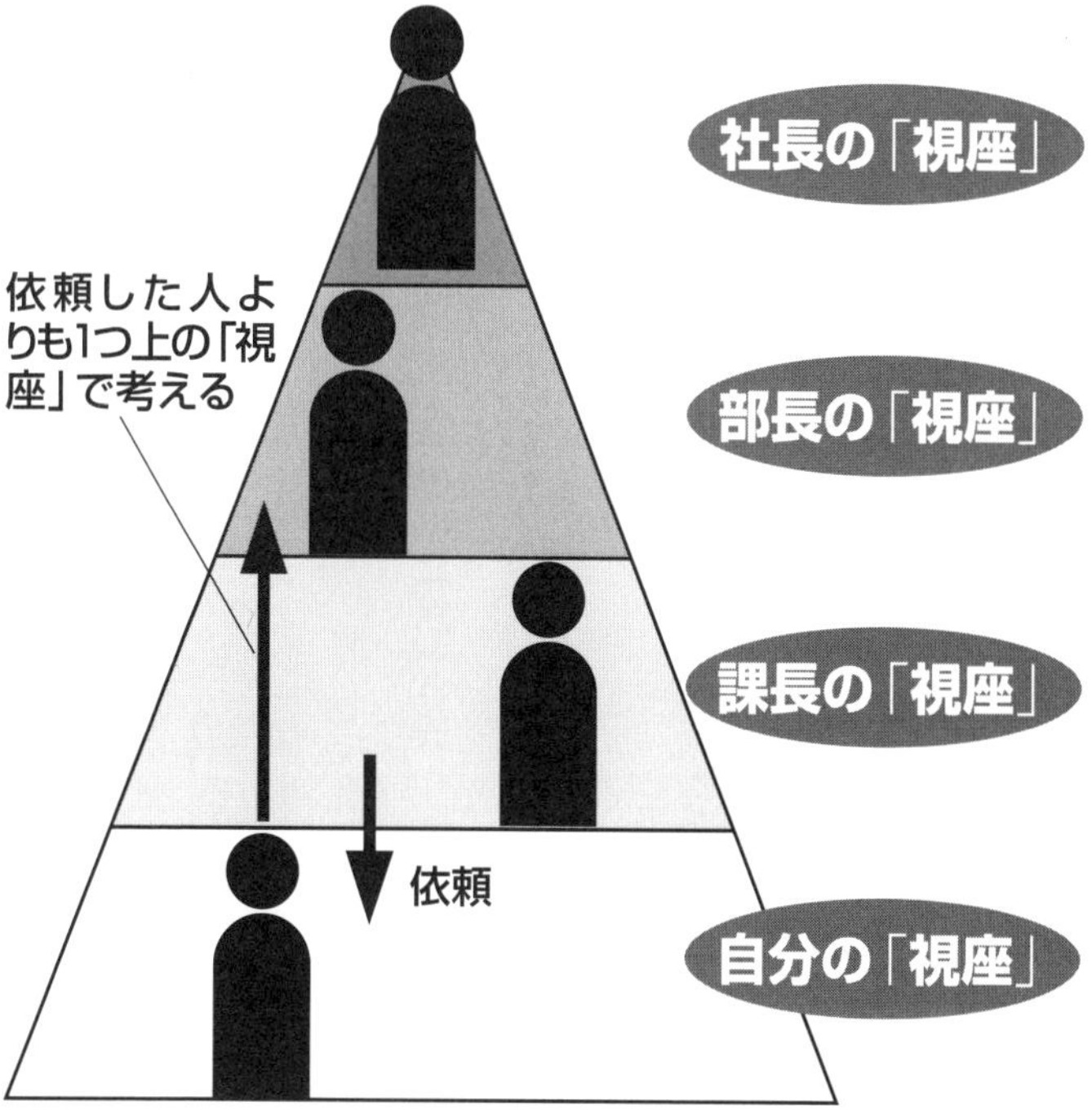

組織の中の誰の「視座」で課題を捉えるのかを明確にする。特に期待を超えるためには仕事を依頼した人よりも上の「視座」で考えることが必要。また、顧客の課題を考える場合には購入者だけではなく、購買意思決定に影響を与える人を洗い出し、その人物の「視座」も含めて検討する。

「期待を超える」仕事をするためには、「誰にとっての課題か」をきちんと把握した上で、課題設定をする必要があります。それには、「視座」を高くする必要があるのです。しかも、1つ上の視座にするだけでは不十分で、さらにその先を見据えて考えるために、自分より2つほど上の視座からも捉えることがポイントです。

「視座」を高めるメリット

高い「視座」から見れば、より広い範囲を見ることができます。つまり、与えられた仕事に関連する全体像が見えてきます。

この全体像をあらかじめ頭の中にインプットしておくと、課題設定も含めて、その後の仕事の成果に大きな違いが出てきます。

「期待を超える」ところでも書きましたが、「言われたことをやる」＝「期待どおり」の成果を出す人は、低い「視座」から見て課題設定しています。つまり、自分に見える範囲の仕事しかできていないのです。

ところが、「視座」を高めて見ることで、自分が担当する仕事のパートだけでなく、その前後のパートまで見えてきます。すると、高い「視座」から見ている人は自分の仕事の前後を担当している人たちにも、ポイントを押さえた確認がとれます。たとえば、前の工

程の人には、

「○○の進捗状況は？　わかった。そうであれば、新しい資料の用意をしておいた方がいいね」

という具合に自分の仕事の準備がいち早くできます。後工程の人には
「明日までに▲▲の問題はクリアにしておくよ。だからプレゼン用の商品写真を手配しておいて」

といった具合に次の仕事を効率的に進める指示を出せます。

当然ながら、仕事全体でのイニシアチブも取れるようになります。

視座② 他人の「視座」を読み解くプロファイリングシート

プロファイリングシートとは？

誰の「視座」から課題を設定すればいいのか。その誰かの「視座」がどの高さにあるのか、どのように見えているのか。それをきちんと把握することが、「課題設定」の第一歩である、と述べました。

コンサルタントの仕事の場合、依頼主であるクライアントのプロジェクトオーナーが何を「期待」しているのかを把握することから仕事は始まります。そして、その人の「視座」を読み解くには、その人のポジションや社内的な立場、依頼されたプロジェクトの位置付けなどを把握することが必要です。

そのためのツールがプロファイリングシートです。特別なソフトなどは使わずとも、パワーポイントやエクセルといった一般的なオフィスソフトで作ることができます。構成要

プロファイリングシート（モデル）

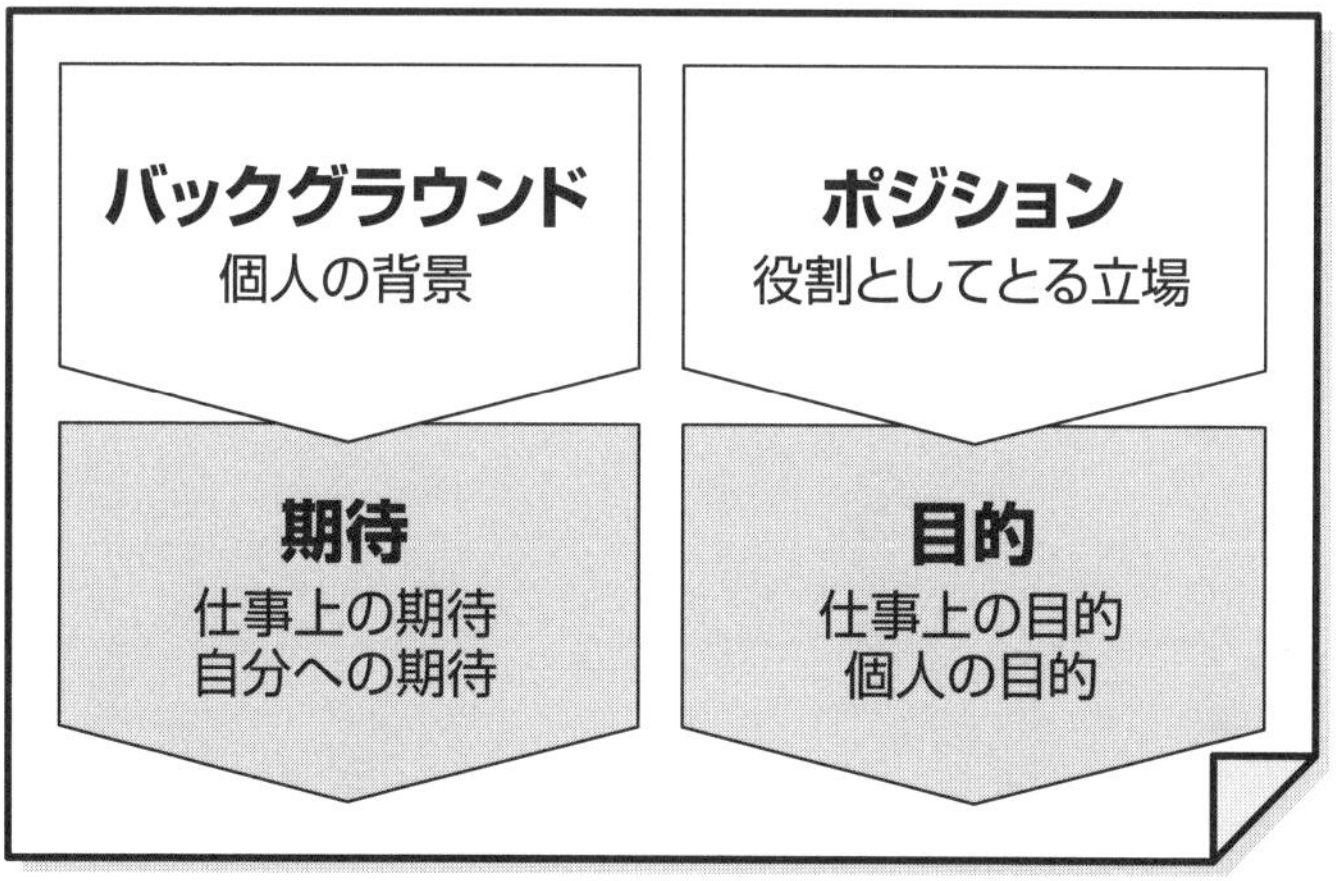

素を理解すれば、誰にでも作れる物です。

構成要素は「バックグラウンド」「ポジション」「期待」「目的」の4項目です。それぞれの要素に該当する事項を、シートに記入していきます。

「バックグラウンド」「ポジション」

「バックグラウンド」はその人自身の持つ背景です。このことを知るだけでも、色々なものが見えてきます。たとえば新任の部長がエースとして配属されてきたというバックグラウンドであれば、「早く成果を出したい」と考えるかもしれませんが、別のバックグラウンドの人の場合には「成果を焦るよりは無難に」と考えているかもしれません。経歴や配属・

任命理由などがそれにあたります。

もちろん、具体的に面と向かって聞き出すわけではなく、相手のプロフィールやさりげない会話、周辺の方との会話などから感じ取ったり、推測していきます。

「ポジション」はその人の立場・役割です。事業部長なのか、特別任務なのか、課長なのか。そこを明らかにすれば、その人が仕事の成果を報告する相手は誰なのか、などもわかりますし、関連する人物との比較においても見えてくるものがあります。

「バックグラウンド」と「ポジション」は事実情報です。互いに関連する部分も多いでしょう。また「バックグラウンド」も「ポジション」も、常にアップデートが必要です。プロファイリングシートは1回作ったら終わりではないのです。

「仕事上の期待」と「自分への期待」

「バックグラウンド」がわかれば、そこから導き出せるのが「期待」です。「期待」は、大きく2つあります。

1つは「仕事上の期待」です。「赴任したばかりだから、とにかく早く成果を出して実績を作りたい」「他にも重大な任務があるから、冒険するよりは堅実な仕事運びをしたい」など、仕事そのものに対する「期待」です。

もう1つは「自分（仕事をするあなた）への期待」です。初めて仕事をするのであれば「新鮮な意見を言ってくれるのではないだろうか」、何度か一緒に仕事をしているのであれば「細かく言わなくても、意図をくんでくれるだろう」「部門のロールモデルとして他の人が見習うような仕事をしてほしい」といった個人に対する「期待」です。

その人が、どんな期待を寄せているのか、ここで把握しておくのです。

「目的」＝何のためにこの仕事をするのか

課題の持ち主の「ポジション」を理解していれば、今回の依頼者が「何のためにこの仕事をするのか？」という「目的」が見えてきます。これは「あるべき姿」を設定する上で、重要なインプットになります。

「目的」は2つあります。1つは「仕事上の目的」。もう1つは「個人の目的」です。

「仕事上の目的」とは、たとえば「シェア奪回のため」「職場の活性化のため」など、比較的わかりやすいものです。その「目的」の先に、「あるべき姿」が見えてくるはずなので、課題を設定する上でのスタート地点ともいえます。

もう1つの「目的」は、「個人の目的」です。これは何でしょうか？

言うまでもなくビジネスパーソンは、生活費を稼ぐことだけが仕事をする目的ではありません。たとえば自己実現も大きな仕事の目的となってきています。ですので、仕事の依頼者はこの仕事で、どんな「個人の目的」を達成したいのか、ということも重要なインプットとなるのです。

たとえば「この領域において第一人者になること」ということや、「昇進に向けての実績作り」。キャリア採用として様々な部門を渡り歩いている人ならば「自身の専門外の知識を得て人脈を築く」という「目的」も考えられます。

こういったことが見えてくると、依頼者の期待のポイントも見えてくるのです。

仕事上の「期待」と「目的」は共有する

「期待」と「目的」は仕事毎に変化します。同じ依頼者でも、仕事が異なれば「バックグラウンド」と「ポジション」はそのままで、「期待」と「目的」が変わるのは当然です。そして、「バックグラウンド」「ポジション」は依頼者に見せる必要はありませんが、仕事上の「期待」と仕事上の「目的」は、口頭で伝えたり文書化して見せることで、依頼者と共有するとよいでしょう。

こうすることで相手の「視座」を的確につかみ、課題の設定を誤らないようにします。

プロファイリングシート（サンプル）

バックグラウンド

■**経歴**
XX業界営業　5年
XX支店　3年
営業推進主任 2年

■**得意領域**
計数管理。営業指導

■**仕事のスタイル・タイプ**
オーナーシップはとるが、自身からは革新的なアイデアはあまり出さない

ポジション

■**タイトル**
XX営業部営業推進リーダー

■**レポートライン**
XX常務、XX部長

■**ポジション**
・営業改革推進派
・対立関係：XX部長
・協調関係：XX課長
・その他関係：XX部長とは同期

期待

■**仕事上の期待**
改革機運が醸成されていることを数値でできるだけ早く示したい（対:XX常務への報告）

■**自分への期待**
・改革計画策定において自分の参謀としてのアイデア出し
・若手営業からの情報収集

目的

■**仕事上の目的**
業界トップポジションの奪回に向けた営業改革による売り上げ向上

■**個人の目的**
昇進のための実績作り

4……視座③「バックグラウンド」から「期待」をプロファイルする

神経言語プログラムによる「バックグラウンド」の5段階

プロファイリングシートの「バックグラウンド」から「期待」を導き出す上で、有効なツールがあります。それがNLP（Neuro Linguistic Programming）――神経言語プログラムの、「ニューロ・ロジカル・レベル」です。これは人の「意識レベル」を「自己認識」から「環境」までの5段階で分類しています。この分類に沿って、その人の「バックグラウンド」について整理するのです。

- ●「**環境**」……その人が置かれている立場や状況。
- ●「**行動**」……その人がどういうやり方や成果を好むか等の好む行動パターン。
- ●「**能力**」……その人の持っている知識や理解力、実行力などの能力。

課題の持ち主の「バックグラウンド」を整理する

「ニューロ・ロジカル・レベル」の5段階

●「**信念**」……その人が、ビジネスにおいて売上至上主義である、結果最優先である、過程を重視する、などの考え方の中核。

●「**自己認識**」……その人が自分自身をどのように捉えているか。社内改革を一身に背負うほどの覚悟でいるのか、などの意識の持ち方。

「バックグラウンド」をこのように整理して考えると、プロファイリングシートに書き込むその人の「期待」がわかってきます。たとえば、外資系を渡り歩いてきて今回初めての日本企業に就職し（環境）、ドラスティックなハードランディング的なやり方を好み（行動）、コミュニケーション能力に長けているが、日本企業的カルチャー業務にまだ慣れておらず（能力）、とにかく結果を出さないと、と思っており（信念）、改革の旗手として採用された使命を果たしたいと考えている（自己認識）、といった感じです。

ＮＬＰの詳細については、『心の動きが手にとるようにわかるＮＬＰ理論』（千葉英介著・明日香出版社）などの書籍をご参照ください。

「バックグラウンド」からその人の傾向を分析する

ある程度、人の傾向をパターン別に分類することで、その人が何を「期待」する傾向にあるのかを効率よく見極めることも可能です。たとえば「ベルビン・ロール」を使います。「ベルビン・ロール」とは、メルディス・ベルビンというチームワーク理論の第一人者が、特にチームで働いた時などに取りやすい人の行動パターンを分析・分類したものです（http://www.belbin.com/）。

「ベルビン・ロール」では人は、コーディネーター（調整者）、シェイパー（意志形成者）、プラント（創造者）、モニター・エバリュエーター（監査役）、インプリメンター（実行者）、リソース・インベスティゲーター（調達係）、チームワーカー（協調者）、コンプリーター・フィニッシャー（完璧主義者）の、８種類のタイプに分けられます。

このタイプに当てはめて考えると、その人が何を「期待」する傾向にあるか、そのヒントがつかめます。私の解釈を加えると、各タイプ別に次のような傾向があるでしょう。

●コーディネーター（調整者）
優秀なリーダーに良く見られるパターン。全体をコーディネートするのが得意。短所は、細かい事は自分では見ないため、細かな作業報告だけではなかなか評価してくれないこと。

●シェイパー（意志形成者）
コンサルタントに最も多いタイプ。タスクを早く完結することを喜びと感じる。自信があって結果重視。新たな挑戦などを好む。短所としては指示を出すことが多く、人の意見を取り入れる余地が少ないこと。

●プラント（創造者）
クリエイティビティが高くて研究者に近い。アイデアが豊富。内気な傾向もありアイデアを批判されると内に閉じ込もってしまう。アイデアを否定せずに膨らませる形で意見をするといい。

●モニター・エバリュエーター（監査役）

数字系に強い人に多い。分析が好きで批評家・批判家タイプ。アウトプットを細かく見てアラ探しなどをしてしまうため、現場のモチベーションを下げてしまう傾向がある。最初からその傾向に注意し、リスクをあらかじめ回避できるよう早めに接する。

●インプリメンター（実行者）

着実に実行するのが得意で理論的にアプローチを組み、前へ前へと物事を推進する。確実に実行したいため、局所的に物事を捉えてしまい、大局的な話をすると想像できず不安になるため、課題設定の段階で「視座」の高い人の意見に接してもらう。

●リソース・インベスティゲーター（調達係）

フランクなタイプ。すべてを自分で解決するよりも、いろいろな選択肢・ソースを集めてきて広げていくタイプ。社交的で色々な人に話が通じやすい。当然、顔も広い。物事や解決方法が拡散しがちであったり、話が飛んでしまったりして周囲が振り回されやすいのが欠点。提示された人脈などを活用してあげると喜ぶ傾向がある。

●チームワーカー（協調者）

他人の感情を読むことに長け、協調性を重視して物事を進める。とにかく事を荒立てたがらず、人間関係を重視するので、ドラスティックな行動を好まない。

●コンプリーター・フィニッシャー（完璧主義者）

完璧にしないと気が済まないタイプで「できない」ということを非常に嫌がる。プロセスやアウトプットにも細かく高い要求をし、なかなか人に任せられない。対策としては、最初の課題設定の段階でも詳細なディスカッションをしておく。信頼を得られれば、後は任せてくれることが多い。

傾向をつかむことで、以後の接し方がうまくいく

仕事で「期待を超える」には、その人の「期待」の傾向を知る必要があります。それによって、仕事の進め方や課題設定の方向性、報告の仕方などを大きく変える必要があるからです。報告の仕方ひとつにしても、ただ口頭での報告を済ませることを期待している人もいれば、何十枚もの詳細な報告書やレポートを期待している人もいます。この段階で傾向をきちんと把握しておくと、以後の仕事の進め方がより効率的になってくるでしょう。

視座④「視座」の高め方

年齢に伴う「視座」の変化を意識してみる

「視座」を高めるためにはどうすればいいのか。一番確実で手っ取り早いのは、「視座」の高い人とつきあうことです。「視座」の高い人の最たる例は、経営者でしょう。経営者の多くは、その地位に就くまでに数多くの経験を積んでおり、会社全体、業界レベル、国家レベル、グローバルレベルの高さの「視座」を持っている方もいます。そういうポジションも高い人と一緒に仕事をすることができればベストですが、それが無理なら、昼食を一緒にとるだけでも、その人の「視座」を、多少なりとも理解することができます。

社長や、自分よりも相当ポジションが高い人に声をかけることは勇気の要ることですが、リターンは計りしれません。また、総じて年齢を重ねるにつれて「視座」が高まる傾向がありますので、同年代の人とばかり付き合うのではなく、自分の上下に合わせて40歳くらいの幅をキープして交流を持つことも大事だと言われています。つまり、若いうちはなるべく上の人達と接点を持つようにし、自分の年齢が上がってきたら、今度は下の人達と接点を持つように心がけるのです。

また、自分と同じ世代・ポジションの人を対象としたセミナーを受けることで色々な経験を積むことも重要ですが、あえて自分よりも上の年齢・ポジションの人や、経営者を対象にしているセミナーを受けてみることも重要です。まだリーダーでない人が、リーダーシップを鍛える研修などを受けてみるのもいいかもしれません。

経営者・マネジメント層向けの書籍を参考にする

経営者やポジションの高い人と接するのは、もちろん、簡単なことではありません。そこで利用したいのが、経営者やマネジメント層向けに書かれているビジネス書です。過去の名経営者や、元気のあるベンチャー企業の社長が書いた本など、書店に行けば、そういった書籍はたくさんあります。それを読めば、経営者やマネジメント層の「視座」を手早く感じとることができます。

ただし、彼らの「視座」は相当高いレベルなので、そのまま真似することは難しいと思われます。あくまで参考程度にとどめておくことにしましょう。

6 ………視座⑤ 時には「視座」を下げてみる

「視座」は上げっぱなしでもいけない

「こんな無茶な目標を指示してきて、課長は市場の現状がわかっているのかな？」

あなたが仕事をしている時、こう感じたことはありませんか？　現場の状況に対して上からの指示や目標設定があまりに乖離してしまっている、というのはよく聞く話です。

もちろん、経営者や中間管理職が高い「視座」から高い目標や課題を設定するのは当然の事であり、業務的にも必要なことです。ですが、現場層と経営層が乖離し過ぎてしまえば、地に足の着いていない非現実的な目標や課題が設定されてしまいかねません。そうなると目標や課題はいつまで経っても達成できず、現場層のモチベーションが下がってしまうという悪循環も発生してしまいます。

これは、「視座」が上がってしまうことの弊害とも言えます。

自在に上げつつ、下げることもできる「視座」

「視座」を高く上げることは、正しく課題を設定する上で重要ですが、時にはそれを下げてみることも、同じくらい重要です。これは決して後退ではありません。「視座」を下げることで現場層の現状を確認したり、そこで抱えられている「問題」を発見できたり、また現場層の考え方や動きを再確認する、というメリットがあります。

また、高い「視座」を持って課題を設定する際にも、実際に動く現場がどの程度の能力を持っているのか、現在の業務のキャパシティはどうなのか、どのような人材がいて、誰がどの分野に強みを持っているのかなども把握する必要があります。

「視座」をただ高く持って見下ろしているだけでなく、様々な方向から見ることが大切です。常に多様な「視座」から見ることができれば、柔軟な課題設定ができます。もちろん、基本的なベクトルとしては「視座」は高く上げるべきですが、いつでも下げられて、上下両方の行き来ができるくらいにしておくことが必要です。

「視座」の下げ方としては、仕事が進む中で時々、現場の「視座」を持っている人に「この仕事についてどう思うか、意見を聞かせてくれるかな？」と聞いてみることです。

前述の、上下合わせて40歳の幅の人脈を持つことも、「視座」を下げる上で役立ちます。

視野①「空間軸」と「時間軸」、2つの「視野」

「空間軸の視野」

課題設定における3つの「視方」。2つ目は「視野」です。「視座」は高い・低いと表現しましたが、「視野」は空間と時間の話になり、広い・狭いと表現します。

まず1つ目は「空間軸の視野」。たとえば新製品の開発というプロジェクトが持ち上がったとします。このプロジェクトの中には色々な仕事があります。新製品を作る前にその市場をリサーチしたり、開発に先立っては競合他社の製品を研究したり、発売までには卸売り先への営業や流通経路の確保も必要です。CMや街頭でのサンプリング配布などの販促活動もあります。

「空間軸の視野」とは、これらの業務範囲を指します。そして「空間軸の視野」を広く持つというのは、自分の業務範囲以外にも目を配るということです。

課題を考える上での「視野」

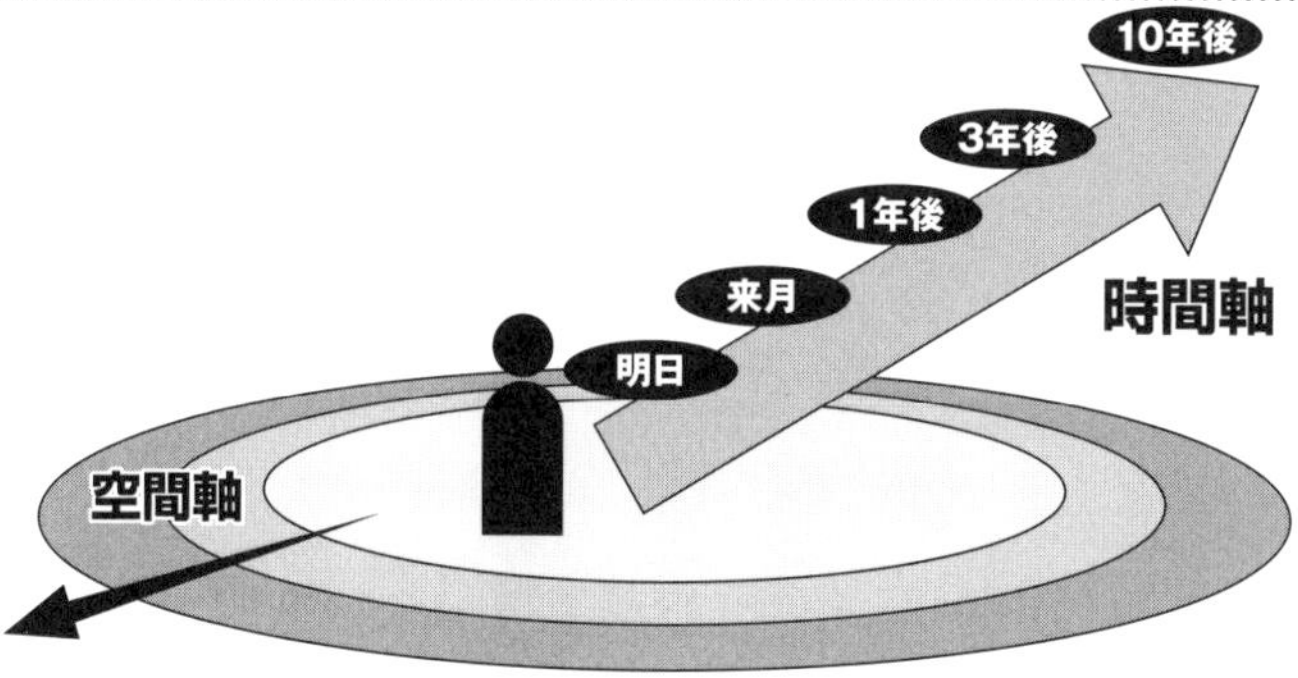

課題をどれくらいの広さで捉えるか。たとえば「空間軸」では、一部門で捉えるのか、他部門までを「視野」に入れるか、また「時間軸」では明日までに解決するのか、数年後なのかという解決の期間によって課題が変わる。

「時間軸の視野」

もう1つは、「時間軸の視野」です。それは「あるべき姿」を設定するときに、いつの時点の「あるべき姿」なのか、という「視野」です。来週？　来月？　1年後？　当然その時点によって「あるべき姿」が異なるでしょうし、期間が短ければ自部門止まりの検討しかできないけれど、長ければ部門横断で検討できるなど、空間軸の「視野」の広さにも関わってくるわけです。

空間軸と時間軸、それぞれの「視野」について見ていくことにしましょう。

8 ……視野②「空間軸の視野」

「視野」を広くし、周囲への影響まで考える

業務範囲を見る「空間軸の視野」ですが、課題を設定する際、自分が受け持つ業務範囲だけを見て考えては、「視野」が狭いと言えます。自分の受け持つ後工程の業務まで見たり、連携を必要とする部門の業務を見て、「自分の仕事が与える影響」を意識して課題を設定できて、はじめて「視野」が広いと言えます。

たとえばA部門にいる「視野」の狭い人に、「あなたの仕事を○○すると、B部門はどうなりますか?」と尋ねると「そんなことは知りません」という答えが返ってくるでしょう。これが同じA部門にいる「視野」の広い人だと、「自分の仕事が○○になると、B部門にどういう影響が出るかな?」と考えます。「視野」の広い人は、自分がオーダーを受け取った時点で「B部門にこういう影響が出るかもしれません。どうしましょうか?」と、

逆に質問をしてくるでしょう。

課題設定をする際に、自分の仕事だけでなく、周辺の部門や工程がどうなるのか、その影響を意識して考えることが「空間軸の視野」を広く持つ、ということです。

横のつながりで広がっていく「空間軸の視野」

「視野」を広げる方法はいろいろあります。一番効果的なのは人脈です。

業種を超えて視野を広げたいのであれば異業種交流会に参加するのもよいでしょう。社内業務における視野を広げたいのであれば、同期の人間とのつながりは非常に有効です。「同期の○○は今、広報をやっている」「▲▲は海外支社に行っている」など、同期のネットワークから集まる情報から、同じ会社の中でも、他の部門や職種の業務範囲・内容が見えてきます。自然と、「視野」が広がる情報が入ってきます。

弊社でも新入社員は様々な部署へ配属されていきますが、同期会などで情報交換していることは非常に強みになっていると思います。業界の情報交換などは元より、自分が担当しているプロジェクトの内容など、同期・同世代だからこその話しやすさもあり、横の連携を強める場として有効なようです。

そしてこの連携が「空間軸の視野」を広げていくのです。

9……視野③「時間軸の視野」

「時間軸の視野」を広げて課題を捉える

課題を設定する際に、時間の要素をどれだけ織り込んで考えることができるか。これが「時間軸の視野」です。

「この仕事を1週間でやり遂げてほしい」

上司にそう命じられた時、あなたはその仕事を1週間でやり遂げようと考えますか？必要なら徹夜をしてでも1週間で仕事をやり遂げるでしょう。でもその前に「視野」を広げて見てください。その仕事は1週間でやり遂げるのが妥当でしょうか。他の部門の業務状況を考えると、むしろ1ヵ月かけてやるべき仕事かもしれません。「1ヵ月かければ、ここまでいい仕事ができる」と課題の設定を長期的なレンジで考えることが妥当かもしれません。こういう発想ができることが「時間軸の視野が広い」ということです。

「課題の持ち主」の「視座」から時間軸を見る

あなたは仕事を命じた上司に改めて話します。

「この仕事は1週間でも可能ですが、ここまでの成果しか出せません。ですが、1ヵ月かければ、さらに幾つかの事項や問題をクリアして、よりよい成果が出せると思いますが」

こう説明して上司が頷いてくれることもあります。そうでない場合もあり得ます。

「いや、1週間後にどうしても必要なんだから、1週間でやってくれ」

上司の「期待」は1週間後に仕事が仕上がっていることです。ここでただできる・できないと言い合う前に、上司の「視座」で時間軸の「視野」を広げて見てみましょう。

実は上司には「再来週に報告会があるので仕事の成果を発表したい」という事情があったのです。そのことがわかれば、こう言うこともできるでしょう。

「報告会では『仕事は現在進行中ですが、1ヵ月後には当初の目標を超えた、これだけの成果が出せる』と発表してはどうでしょう。時間を頂いた分、我々も鋭意取り組みます」

時間をかけなければならない理由を説明し、長期的に「課題」に取り組むメリットを理解してもらいつつ、上司の顔も立つようにした課題設定の例です。「時間軸の視野」を広げることで、「期待」に応えるタイミングをつかむことができるのです。

10 視点①「視点」とは何か？

結局、何が一番重要でやるべきことなのか？

「視座」を高く持ち、「視野」を広げて、課題を考える。そして最後の「視方」は「視点」です。「結局、何が重要なのか」「今回は、どう課題を設定するべきか」ということを見極められるか否かは、「視点」の鋭さにかかっています。

高い「視座」から収集した情報を、広い「視野」で自分なりに考え、鋭い「視点」で課題を設定する。これが課題設定の理想です。「視座」「視野」を「高い・低い」「広い・狭い」と表現するなら「視点」は「鋭い・鋭くない」です。

「視点」は3つの基礎体力の中では、定義づけるのも鍛えるのも一番難しい要素です。そもそも「何をすべきなの？」と考える所から始まるのですが、感覚的な部分も多いため、論理付けて説明するのも、数値で説明するのも困難なのです。

行き詰まったときは「視点」を変える

「また、これをやらなきゃならないのか」

仕事をしていて、こう思ったことはありませんか？　たとえば、発注のフローや業務伝達の仕組みや、納期設定のルールなどを見直したはずの現場でのこと。高い「視座」と広い「視野」から「あるべき姿」「現状」「問題」を捉え、「問題」（らしき現象）を解決したはずなのに、新たな問題が次々と出てきて、成果が出ていないケースです。

一歩退いて見れば、課題は正しく設定され、問題は解決されているようでいて、実は解決されていなかった——そもそもの課題設定がおかしかったというケース例はよくあります。

このような時は、「視点」を変えることが求められます。「視点」を変えて見れば、新たな課題を設定することができる場合が多いのです。

経験や実績が「視点」を鋭くするわけではない

「視点」の厄介なところは、「視座」や「視野」と違い、経験を積めば洗練されるわけではない点です。ベテランになるほど「視点」が研ぎ澄まされるとも限らず、むしろワンパターン化してしまうことさえあるのです。

誰でも仕事をする上では、意識しているいないにかかわらず、過去の経験や蓄積したノウハウを使っています。しかし、「以前はこれでうまくいった」と、過去の実績や経験に頼って「視点」を固定してしまっているケースがあります。これは「視点」が経験を積むことで鋭くなったりはしない、むしろ経験が邪魔をしているケースです。

また、ビジネスに関する資料やツールも数多く出回っています。考え方やハウツー本など、ビジネスを補完する手段は数多くあり、そこから使えそうな「視点」やヒントを拾い出すことは容易です。フレームワークなどは、その典型例です。しかし、かえってそれが、「視点」をワンパターン化させ、個々のケースの特徴を反映していない、ありきたりな課題を設定してしまう事態に陥りやすくさせる可能性もあります。

特に経験の浅い若手によく見られるのが、フレームワークなど型どおりの解決策が「絶対に正しい」と信じて固執してしまうケースです。与えられたツールを完璧に使いこなし、一生懸命にハードワークをこなしているのですが、課題設定が一般化してしまうケースです。

もちろん、経験も知識も、「視点」を鋭くする上では大切なのですが、頼りすぎるのは危険です。経験だけでもダメですし、知識だけでも難しく、「視点」を鋭くするには、その合わせ技が必要になってくるのです。

課題を考える上での「視点」

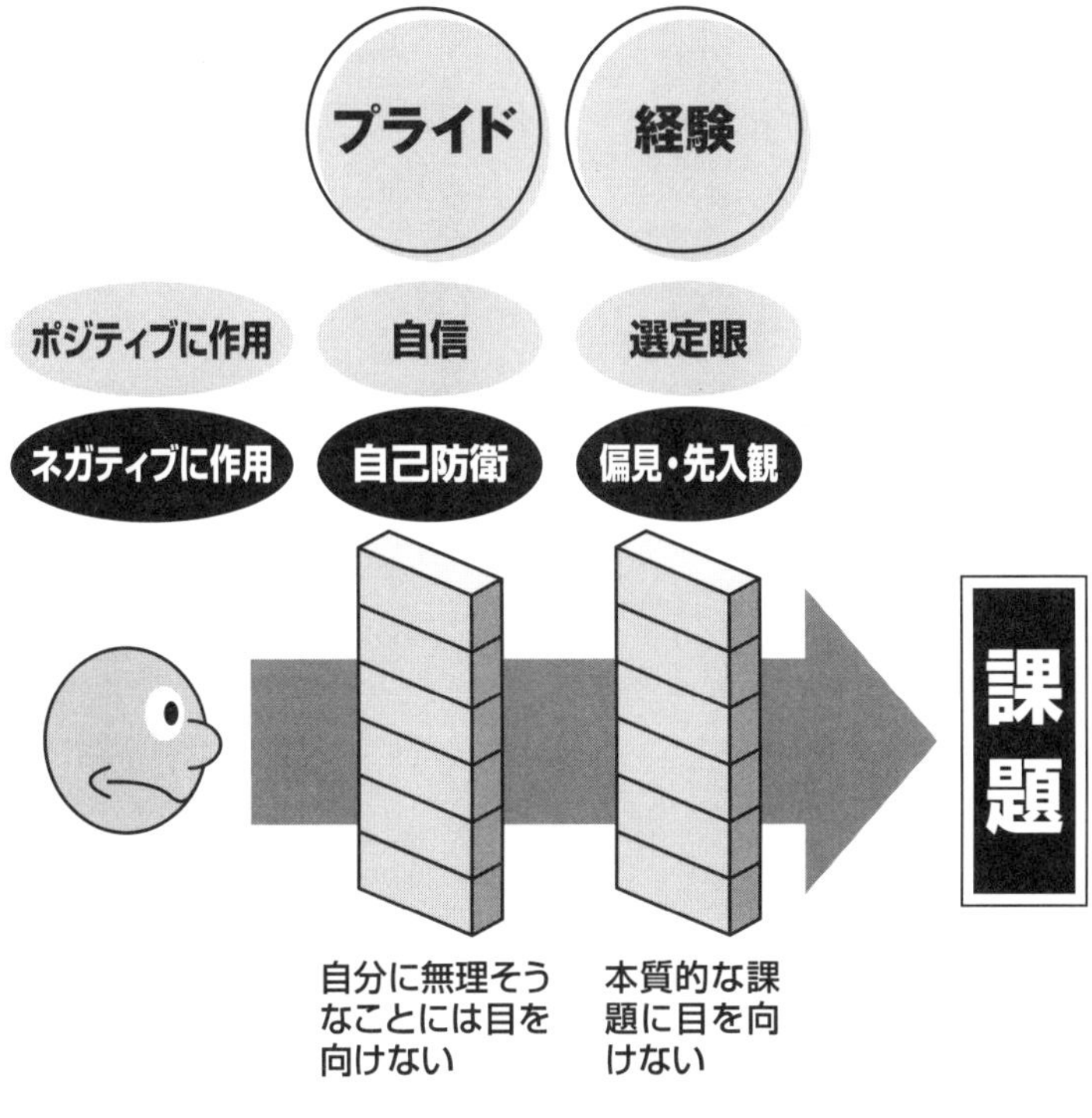

落としどころを決めてかかる

課題を捉える際に、プライドと経験をポジティブに作用させる。自己防衛的考え方や自己中心的見方を捨てて、本質的課題にアドレスする「視点」を持つ。

11 視点② 「視点」を鋭くする方法

まずフレームワークを使いこなす

課題設定において重要な「視点」を鋭くするにはどうすればいいのか。確実に上達させる方程式のようなものは、残念ながら存在しません。ですが、ある程度向上させる「努力のしどころ」はあります。

まずは、すでに普及している「視点」＝フレームワークを使いこなせるよう、訓練することです。物事を見るにしても、ただ「何となく」見るのではなく、集められた情報を整理して見ることは大切です。その際に、有効と言われているフレームワークを使うことは、決して悪いことではありません。広く使われているフレームワークは、それなりに利用価値が高いということですし、頼りすぎなければ大変有用です。先人たちの知識が蓄積された「視点」を切り出すためのツールを、使わない手はありません。

それに、一通りのフレームワークを押さえておかないと、自分では斬新だと思っていた「視点」が、実は使い古された「視点」であったということにもなりかねません。

「なぜ?」「どうして?」を繰り返す

「視点」を鋭くするには、深掘りして考えることも必要です。そのためには、「それは何なの?」「何が問題?」という具合に、「なぜ?」「どうして?」を繰り返すような対話、あるいは自問自答が効果的です。

常に疑問を持ち、問題が発生しても「○○が問題でした、以上」で終わってしまうのではなく「どうしてこれが問題になるの?」「問題が発生している原因って何?」と、何段階も疑問を持ち、思考を重ねていきます。そうすることで、視点の鋭さが研ぎ澄まされていくのです。

自分で4象限や2軸を設定して考える

複雑化した個別のケースの課題を設定する場合には、既存のフレームワークをそのまま当てはめようとしても無理なので、独自の切り口が必要になります。オリジナルのフレームを作るのです。4象限のマトリクスを描き、自分で縦軸横軸を定義して、そこに情報を当てはめて整理していきます。

このとき、うまく縦軸横軸を設定できるかどうかは、理屈だけではなく、ビジネスセンスも関わってきます。この縦軸横軸の2軸の要素を何にするのかが「視点」の鋭さであり、実際にやってみても、必ずしもうまく課題設定に結びつく情報整理ができる保証などありません。

コンサルタントの世界でも、この作業は試行錯誤の連続です。整理を始めてみて、色々な情報を埋めていって、結局は「これでは整理ができないし、どうすべきかが浮かび上がってこない」ということも多々あるのです。

ですが、この作業自体は「視点」を鋭くする訓練になります。

チャートや図に描く訓練をする

傾向で言えば「図を描ける人」「チャートを描ける人」は「視点」が鋭いようです。

当社の場合、ミーティングルームにはフリップチャートと呼ばれる白い大きな紙が置かれています。5~6人でディスカッションする際にはこれを用いて、図やチャートを描いて発表をしたり、議論をしています。

「この人は『視点』が鋭いな」と感じる人の多くが、議論し始めるとすぐさま、フリップチャートに図を描いています。「あまり『視点』が鋭くない」と感じるときは、ずらずらと事象を箇条書きにしている場合が多いようです。これは、思いつくことはあっても、因果関係や優先順位がわかっていないからです。

逆に「視点」が鋭い人は、入ってくる情報を因果関係や優先順位付けをして整理することがうまく、何が重要で取り組むべきことなのか見つけ出すことにつなげられるようです。ですので、整理した情報を基に図式にするなど、課題設定をする際にはビジュアルで考える、というのも「視点」を鋭くする訓練方法として有効かもしれません。

以上が課題設定における基礎体力とも言える「視座」「視野」「視点」という3つの「視方」についてのご説明でした。この3つの「視方」をアップさせることで、より確度の高い課題設定が可能になります。

次の第3章以降では、いよいよ課題設定の具体的なアプローチ方法について、ご紹介していくことにします。

第3章

課題設定のアプローチ①

インプット

——情報収集と現状分析

1 よいアウトプットにはよいインプットが不可欠

課題設定の3段階——インプット、プロセス、アウトプット

この章からいよいよ、課題設定の方法について、具体的にご紹介していくことにします。課題設定には作業として3つの段階があり、それぞれ、インプット、プロセス、アウトプットと呼びます。情報を集めて数値化するのがインプット、それらを基に考える作業がプロセス、最終的に課題の形式にして出力するのがアウトプットです。

本章ではまず、インプットについて解説をしていきます。

当然のことですが、インプットを間違えれば、最終的な課題設定も、間違えることになります。課題設定の第1ステップでもあるこのインプットは、それほど重要なステップであるということを認識しておいてください。

課題設定の3段階

インプットは「聞く」「ぶつける」「計る」

インプットには3つの手順があります。まず「聞いて」、次に「ぶつけて」、そして「計る」のです。

「聞く」は文字どおり、仕事を依頼した上司や顧客、その関係者に話を聞いて情報を集める作業です。

「ぶつける」は、集めた情報を基に「あるべき姿」や「現状」や「問題」の仮説について、まだ粗い段階で一度、上司、顧客、関係者に提示することです。「ぶつける」ことは情報を的確に聞き出すテクニックであり、「ぶつける」ことで返ってくる新たな情報を手に入れ、課題設定の精度を高めていくのです。

たとえば、生産ラインの効率化を図っ

ている会社から依頼を受けたコンサルタントが、集めた情報を基に「1つのラインに50人というのは、多すぎるのではないか」という仮説を立てたとします。この仮説を担当者に「ぶつけて」みました。すると返ってくる返答はどんなものが予想されるでしょうか？

「そんなことはない。急ぎの発注や特別注文などの対応があるので、それくらい確保しておかないと回らない」

という返答なら、新たな仮説が生まれます。「では、特別処理がなければもっと少ない人数で可能ではないか？」と。

これが逆に、

「確かにうちの部署は多いかもしれない。ただし、設備の老朽化が原因で生産性を上げようとしても実際不可能だ」

となると、「設備を刷新することで、生産性がどれくらい上がるのか？」という新たな情報収集のポイントが出てきます。

もちろん、回答が曖昧だったり、新たな仮説に結びつかない場合も出ますが、その場合は仮説がずれている可能性もありますので、さらに情報を集め、仮説の精度を高めてから「ぶつける」必要があります。

そして、もう1つのインプットが「計る」です。インプットと一口に言いますが、当初得られる素の情報自体は、曖昧だったり、抽象的なものだったりします。これらを数値化して具体的にする作業が「計る」です。

「人が足りない」
「業務が多すぎる」
「職場の雰囲気が悪くなった」

これでは曖昧です。

「新規市場開拓のためには新しい市場調査が必要で、そのために専任で3人は必要」
「依頼件数が100件を超え、そのために勤務時間中に処理が完了できない」
「従業員満足度の結果が昨年より5ポイント落ちた」

と具体的な数値に落とし込むことで、より検討がしやすい情報になります。これが「計る」という作業です。

インプットの手順

インプットの手順は「聞く」「ぶつける」「計る」と述べましたが、場合によっては、いきなり自分なりの仮説を「ぶつける」場合もあります。これは、プロファイリングの段階できちんと情報がそろっていたりする場合などです。

ただしここからは、基本的な流れとして、「聞く」「ぶつける」「計る」の順で、見ていくことにしましょう。

「聞く」① 基本はコンサルタント・コーチ型で聞く

課題設定のための質問のフレームワーク

インプットの1つ目は「聞く」です。課題設定をするには、まず様々な情報を収集する必要があります。そのためには「聞く」、つまり質問をする必要があります。

質問の仕方には、103ページの図のような4つのタイプがあります。そして、課題設定に必要な情報を得るには、基本的にはコンサルタント・コーチ型で質問することになります。具体的には、仕事を依頼した人や関係者に対して、将来的に何を目指すのか、現状はどうなのか、どこが大変でどのような問題があるのか、そういったことを、未来志向・協調志向で聞くのです。

もっとも、未来を見据えて聞いていく上で、忘れてはいけないのが「現状」です。相手の過去の失敗を掘り返さないように気遣っても、「現状」から目を逸らしてはいけません。

「現状」を把握し、「あるべき姿」を見つけつつ、未来へと導くように質問していくのがコンサルタント・コーチ型の聞き方です。

停滞している現場ではセラピスト型で聞く

コンサルティングが求められる現場は、時として、業績不振などで状況が悪く、停滞していて雰囲気が悪くなっていたり、現場のモチベーションが下がっているケースもあります。

このようなケースでは、いきなりコンサルタント・コーチ型で「明るい未来を目指していきましょう！」という姿勢でアプローチをかけても、空回りすることがあります。

停滞している現場というのは、その状況に至るまでに何度も改善や問題解決を試みたけれども、うまくいかなかったり失敗を繰り返していくうちに、精神的にも打ちひしがれてしまった、という場合が多いようです。

このような現場でお勧めしたいのがセラピスト型の聞き方です。過去・協調志向の聞き方で、それまでに蓄積している鬱憤や不満を一度吐き出してもらったり、自分も一緒になって考えることで価値観を共有し、信頼を得た上でコンサルタント・コーチ型の聞き方へとつなげていくのです。

課題設定のための質問のフレームワーク

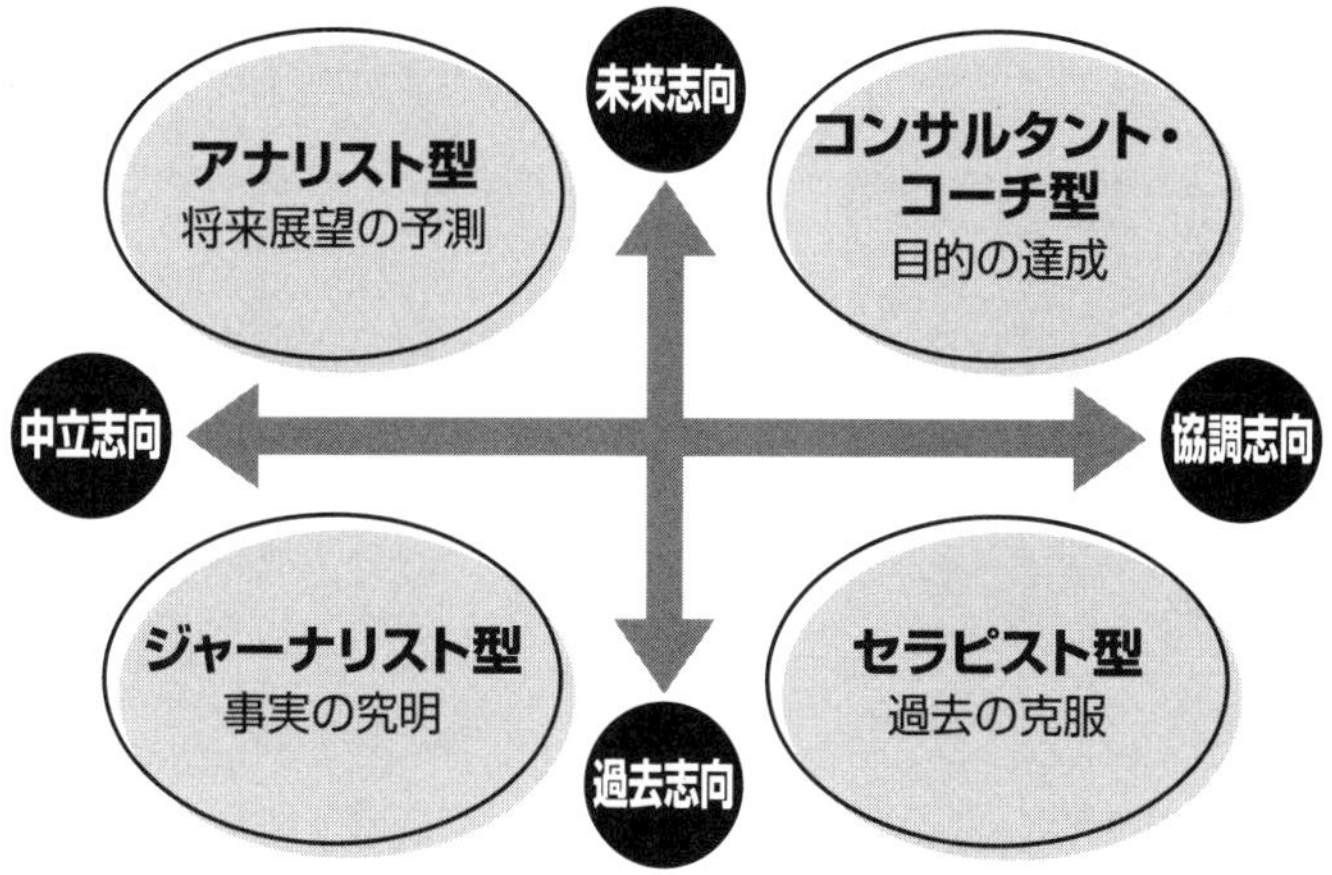

「○○という改善を試されたのですね。普通にやっていても難しいと思われますが、実際、どうだったのですか？」

「結果として、××という理由でうまくいかなかったのです」

「なるほど。それはかなり困難な状況だったのですね。特に苦労されたのはどのような点だったのですか？」

など、共感してワンクッションを置いてから、

「では、▲▲という改善策については、どのように考えられますか？」

と、このように、コンサルタント・コーチ型に持っていくのが狙いです。

避けたい聞き方、ジャーナリスト型とアナリスト型

質問をする上でこれだけは避けておきたい聞き方が、ジャーナリスト型（過去・中立志向）とアナリスト型（未来・中立志向）です。

ジャーナリスト型の聞き方は、コンサルタント・コーチ型の対極と言えます。

「○○の改善に失敗したんですよね。どうしてできなかったのですか？」

「どうして▲▲なんてしたのですか？」

中立的な立場で客観的に、結果（過去）を見て質問をしているのですが、自然と聞き方は、相手にとって触れられたくない痛い所を詰問するかのようになってしまいます。事実を確認する、客観的に究明することは大切ですが、詰問調で質問されれば聞かれた側も、「確かに失敗したけど、こちらにも事情がある。それを理解せずに批判をするな」と、態度を頑なにしてしまいかねません。調査が目的ではなく、課題設定をして成果を出すことが目的でしたら、あまり向かない聞き方と言えるでしょう。

アナリスト型は若干、追及の調子が緩和されます。しかしそれでも、自分が一緒にやるという姿勢ではなく、他人事として「本当にできるのですか？」と確認をとるような、問い詰めるような聞き方になりがちです。

「将来的には○○を達成できるのですか？」

「今後はどのように業務改善を進めていくつもりなのですか？」

という聞き方をされたら、

「そんなことを言われても、将来の予定なんて確約できないだろう」

と受け取られて、質問にも答えてもらえなくなる可能性もあります。

中立の立場からの質問は、客観的に物事を究明するのには向いていますが、一歩間違えれば非難の応酬や責任転嫁、吊し上げのようになりかねません。

ビジネスは一人ではできません。ビジネスを成功させるには、関係者の協力を得て「あるべき姿」「現状」「問題」を的確に把握し、課題設定をする必要があります。仕事を依頼する上司や顧客はもとより、関連する人々の協力がなければ、課題設定も、ビジネスの成功もあり得ないのです。

協調の立場から聞いていく。そして将来の「あるべき姿」へと導いていく。ビジネスリーダーは、その役割を忘れないことが大切です。もちろん、必要であれば、中立の客観的立場から見て現状認識をしてもらう、馴れ合いは避ける、という注意すべき点はありますが、「聞き方の基本は協調の立場から」ということを忘れないでください。

「聞く」② 聞き上手になるための3×3マトリックス

「現状」「あるべき姿」「問題」を意識する

次に「聞く」テクニックについてご紹介します。

「聞く」という行為は、実に奥深いものです。同じ5分を与えられても、聞き方によっては、3の情報しか得られない人も、10の情報を得られる人もいます。何事にも上達するには経験と訓練が必要なので、急に聞き方が上手になる特効薬はないのですが、ぜひ頭に入れておきたいフレームワークはあります。それが、次ページのマトリックスです。

まず「対象」を見てください。当然のことですが、「聞く」以上はその「対象」があります。課題設定の場合、質問の対象は「現状」「あるべき姿」「問題」の3つです。質問する時には、「この3つの何を聞こうとしているのか」「相手は何のことを話しているのか」を押さえておくことが重要です。

「聞く」の3×3マトリックス

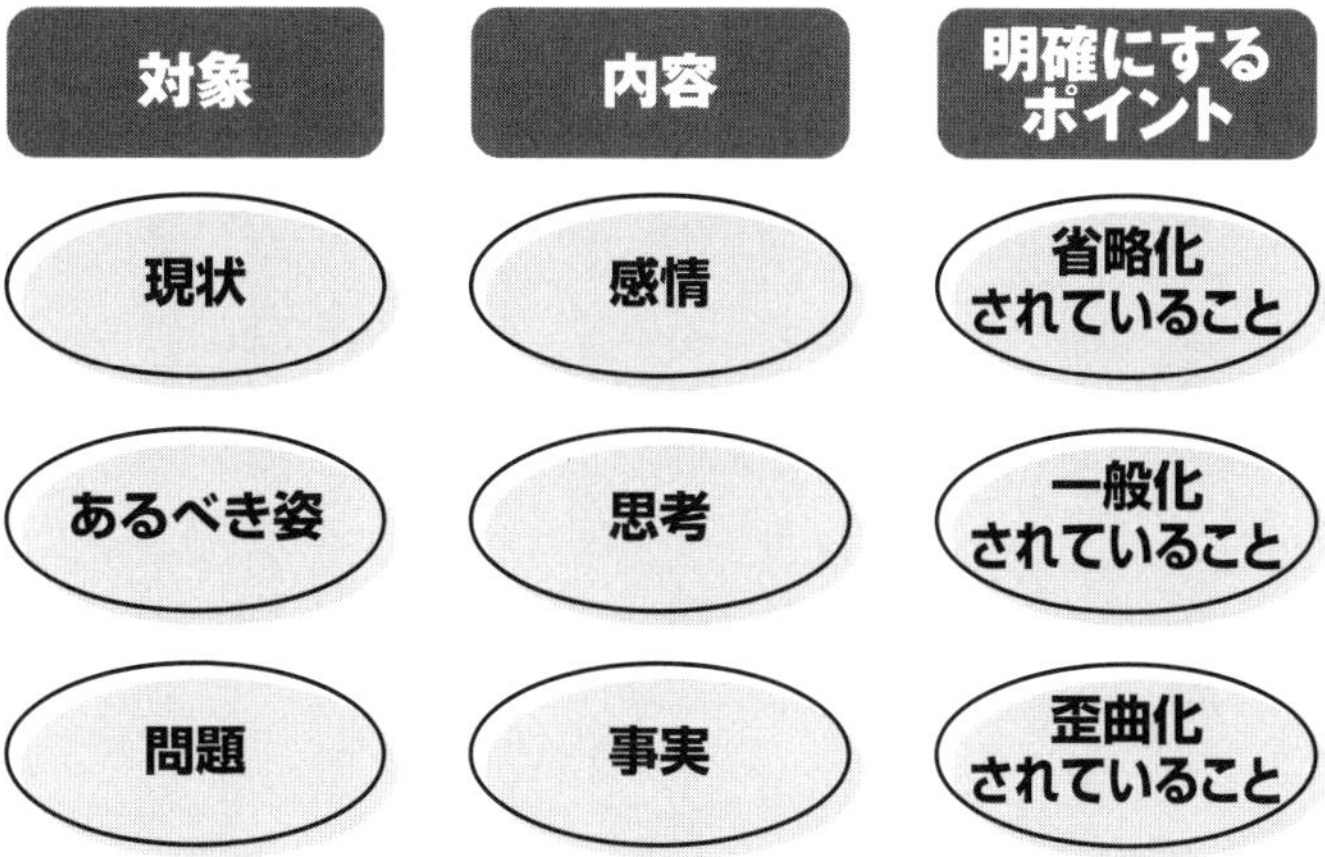

対象	内容	明確にするポイント
現状	感情	省略化されていること
あるべき姿	思考	一般化されていること
問題	事実	歪曲化されていること

「現状」や「問題」の認識については、質問対象者たちの間ではある程度そろっているものですが、「あるべき姿」については返答がバラバラであったり、出てこなかったりする場合も多くあります。「あるべき姿」がわからないと課題設定につながらないので、ここで諦めてはいけません。「あるべき姿」についての質問を集中的にするなど、聞き方に工夫が必要となります。

　また「現状」に不満の多い現場などであれば、あえて「現状」を聞かないというやり方もあります。これはすでに「現状」が一目瞭然で悪い場合、「現状」の質問をしても、不平や不満ばかり返ってくることが容易に想像できる場合です。

そんなことに時間をかけるなら、「では何を目指したらよいのか」という質問に時間をかけた方がいいという判断です。

「感情」「思考」「事実」を意識する

「内容」は、その人が「対象」についての「何」について話しているかということです。たとえば「Aについてどう思われますか?」と聞いたところ、「好ましくないね」という答えが返ってきたとします。これはその件についての本人の「感情」を話しているのです。同じ質問で「○○が問題だ。解決する策としては××の改善が必要だと思う」という答えが返ってくれば、これは「思考」を話しています。また、「実際は何もしていない」という答えが返ってくれば、客観的な「事実」を話しているということになります。

その人が、質問した対象である「現状」「あるべき姿」「問題」についての「感情」「思考」「事実」のいずれについて話しているのか、その点を把握しながら質問をすると話しが色々な角度から来ても考えを整理することができます。

「省略化」「一般化」「歪曲化」を意識する

会話というものはどうしても曖昧模糊な言葉のやり取りになってしまいがちです。当社でもインタビュースキルの研修時、「何をどう聞くべきなのか」という所は最も重要視しているポイントです。

日頃の、何気ない会話を思い出してみてください。

「○○の問題についてお伺いします」

「あれはけしからん。まったく使えんとみんな言っている。手を抜いているんじゃないの」

この回答自体に、質問する上での問題が幾つか見えます。

「あれは」の「あれ」は何を指すのか。明確にする必要があります。これは当事者だからわかってくれるだろう、という思いこみによる「省略化」です。「省略化」は物や名詞だけでなく、行動や現象、あるいは作業工程など「わかっていて当たり前」という前提で話してしまうため、会話の流れで起きてしまいます。答えている当人にはそういう意識はなく、質問にスピーディーに答えるために使ってしまいます。でも、そこで解釈の違いが起こらないとは限りません。だから質問する際には、当事者以外の立場で省略部分を明確化する意識が必要となります。

次に、「まったく使えんとみんな言っている」の「みんな」の部分は、きちんと全員に話を聞いて得た情報ではない場合がよくあります。答えている当人の主観的な意見であることが多いのですが、当人は「自分の意見＝世の中の一般的な意見」、または「目立つ一人が言っているとみんなの意見」だと思ってしまいがちです。これが「一般化」です。これを意識した上で、「一般化されているのかな?」と思った解答には、「具体的に、どなたが(または何人くらいの方が)言っていましたか?」と、確認する姿勢が必要です。

次に「手を抜いているんじゃないの」の部分は「歪曲化」です。実際に確認しているわけではないけれど、「使えない」と前提の意見があるので、ねじ曲げた原因を知らず知らずに作り上げてしまうのです。ここで「手を抜いている」と、そのままインプットしては危険です。

これら「省略化」「一般化」「歪曲化」は、意識的にしているのではなく、無意識のうちにやってしまっているのです。質問の時、会話で言葉のやり取りだけをしているとどうしても起きやすく、ミスコミュニケーションになります。

また、ポジションが上の人になればなるほど、「あれはね……」「その件は……」「これ、やっといて」といったように指示代名詞が増え、「省略化」されるケースが多くなります。「いちいち言わなくても」という心理もあるのでしょう。

だから質問の時には「明確にするポイント」を常に意識していることが大切です。「省略化」「一般化」「歪曲化」はちょっとした会話でも起きるので、質問する側も見落としてしまいがちです。

質問は3×3の掛け算で考える

「対象」「内容」「明確にするポイント」とそれぞれ、3分類した質問時の要素について詳しく説明してきました。実際の質問ではこれらを、たとえば「『現状』の『感情』的な意見を聞く」「『あるべき姿』の中の『省略化』された部分をつかむ」といったように、それぞれを掛け合わせるように質問していきます。

5W1H（who. when. where. what. why. how）やオープン・クローズドクエスチョンなど、有名な質問テクニックを使う場合でも、基本的には同じです。これら3×3のマトリックスの要素を頭に入れながら質問していきます。

コンサルタントの場合は決められた期間の、特に開始段階で曖昧な状態から情報を引き出して仮説を構築していくことが求められるので、このような意識が欠かせません。この曖昧な状況を明確にしていくテクニックやインタビュースキルは、コンサルタントのみならず、課題設定をする上での成功を握るスキルとも言えます。

4 ………「聞く」③ 短時間で効果的に聞き出す方法

3×3マトリックスの効果的な聞き方

質問やインタビューを行うにあたって、相手の方に何度も時間を取っていただけるということはなかなかないでしょう。短時間で確実に聞くべきことを聞き出すためには、事前に聞くポイントを絞り込み、聞き漏らさないように質問していく必要があります。

そこで活用したいのが、先程の3×3マトリックスです。たとえば「明確にするポイント」の場合、「省略化」されていることよりも「一般化」「歪曲化」されている事象の中に、問題や課題が隠れていたりします。また聞く「内容」では、現場担当者からは「事実」を聞きつつも「感情」も聞くことが大事であったり、リーダーからは「あるべき姿」への「思考」を中心に聞くことが重要であったり、インタビューを使い分けることが可能です。

そしてインタビューが進むにつれて気付くことや課題設定へとつながる新たな事象が現

れてくる事もあり、臨機応変に気付いて質問するべきキーワードもあります。それらに対応するためにも、ある程度の質問をまとめたインタビューシートの作成は不可欠です。

質問項目に優先順序をつける

限られた時間内に質問がいくつできるのか。やってみないとわからないので、質問の内容によって必須となる質問とそうでないものを、事前に区別しておくことも重要です。

実際のインタビューでは、インタビューシートに50問の質問を考えて行っても、すべて質問できない場合が多々あります。だから「これだけは必ず聞いておく」という最優先の質問をはっきりさせておくのです。

最優先の質問となれば、どんなに時間がかかっても深掘りして質問します。一方、それ以外の質問は、後からメールや電話などでカバーするようにします。

インタビュースキルが高いコンサルタントの中には、「あの短いインタビューで、よくここまでの本質的な情報を得られた」と言われる人もいます。コンサルタント・コーチ型という姿勢とともに、このような「聞くべき本質を外さない」ためのテクニックも、覚えておく必要があります。

「聞く」④ 信頼関係は良質なインプットを生む

良好な関係がなくては、よい情報は得られない

インタビューでは、質問項目が正しければうまくいく、というものでもありません。答える側から、いかにスムーズに良い答えを聞き出せるか、ということも重要です。

質問する時に最も大切なのは、聞き手と答える側の信頼関係です。信頼関係があれば、心おきなく話ができるでしょうし、人間誰しも、気持ちよく話せる時ほどよい回答をしてくれるものです。信頼関係は、インプットに限らず、課題設定における基本です。

もし考えた仮説が違っていたとしても、信頼関係を築くことができていれば、「これはこうした方がいい」と、有益な情報や新しい仮説のインプットなどを先方から教えていただき、結果的に提案の質を向上させることも可能です。

「私たち」を主語に考え行動する

信頼関係を築き上げるには、日頃からの接し方が大切です。「聞く①」でも述べたように、顧客に対して協調の立場で話したり、聞いたり、提案したりします。

ここで参考までに、コンサルタントが顧客との信頼関係を構築する上での姿勢を紹介しましょう。コンサルタントは、あくまで外部ブレーンであり、クライアント側から見れば「外の人」ということになります。そこで生じる心理的な隙間を埋めるために、会話や提案の際には常に「『私たち』は何を目指しましょうか?」という姿勢を示します。

「私たちは、あなた方と同じ目的を共有するワンチームです」

という協調性をアピールし、

「『私たち』はこれから、このプロジェクトをどうやって成功させましょうか」

と同じ側の立場に立った一体感で意見や提案をしていくのです。

私自身がコンサルタントとして仕事を始めた時に、「クライアントのことを『彼ら』という呼び方をしてはいけない」と注意を受けたことがあります。あまり意識をせずに使っていましたが、「彼ら」という言い方には、「自分のパートナーや仲間ではない」というニュアンスがあると言われたのです。

これは、外部の人間として課題設定をしていくコンサルタントだけが知っておくべきことではないようです。上司や顧客、様々な関係者と接する時も「第三者視点での言葉は使わない」という協調の原則は、信頼関係を築くためのマインドセットとして必要でしょう。

協調を大切にしつつ、中立の立場で聞く

協調の立場が原則であると述べてきましたが、中立の視点が必要になる場合もあります。質問をする時には「一般化」されていないか等を確認していくのですが、相手との良好な雰囲気に流されてしまい、突き詰めるべき内容を突き詰めて質問できないということがあります。あるいは、質問した相手の主観的な意見に流されてしまい、「歪曲化」された情報しか手に入らない、ということもあります。

これらの事態を避けるには、協調の立場を崩さずに中立の視点を持って質問をすることも必要です。もちろん、「本当に○○ですか？」といったジャーナリスト的な聞き方は厳禁です。あくまで協調性を大切にしなければ、その後の質問にも問題が生じてきます。

質問の際には「私たち」という協調の立場で、しかし第三者的な中立な視点を忘れずに聞く。これが基本です。

6 ……「ぶつける」① ディスカッションペーパーで「仮説」をぶつける

早い段階で「ぶつける」ことでインプットの効率化をはかる

「ぶつける」とは、一言で言うと、早い段階で粗い仮説を、相手に投げかけるということです。「早い段階で」というのがポイントで、「①思い込みや誤解を防ぐ」「②検討の幅が狭い範囲に限定されることを防ぐ」「③間違った方向性で作業を進める時間的ロスを最小限にする」ことができます。

そして、「ぶつける」際に私たちコンサルタントが持参するのが、ディスカッションペーパーと呼ばれるものです。クライアントを訪問する初期段階ではディスカッションペーパー数枚だけを準備する、ということはよくあります。この段階では、たくさんの資料やプレゼンテーションのツールは持っていきません。

資料をたくさん持参すると、それらを理解してもらうだけで時間を費やしてしまうことが多々あります。また、プレゼン用のツールを作り込むにしても、まだ仮説の段階であり、それがクライアントの目指している方向性であるのかは明確ではない段階なので、無駄になることも多いのです。

ディスカッションペーパーは、粗い仮説です。早い段階で顧客や上司など仕事を依頼した人に見ていただき、「これはこうじゃない」「AではなくBを考えていたんだけど」といった議論をしやすくするための叩き台です。仕事を依頼した人の考えを確認し、自分の仮説とズレがないか、などを確認していくのです。また、オーダーを出した側からしても、オーダーを出した時点ではあまり具体的にイメージせずに依頼していて、目に見える形で目の前に出されて初めて「う〜ん、こういうイメージではなくて」と自分の意見を示してくれることもあります。

そのためディスカッションペーパーを出す段階では、あまり細部まで作り込まずに、大雑把に書いた所へ互いの意見やアイデアを書き込んでいくような形をとります。「ぶつける」作業は仮説を顧客や上司に提示して、議論し確認していく作業ですので、一度ですべてが明確にならないこともありますが、回数を重ねることで、論点の食い違いも減り、より精度の高い仮説ができあがり、結果、良い課題設定へとつながっていきます。

ディスカッションペーパーで「ぶつける」パターンは2つ

ディスカッションペーパーそのものについては、特にサンプルやひな形のようなものはありません。箇条書きのメモで十分な場合もありますし、検討が進んでくれば構造化されたチャートを用いることもあります。

「ぶつける」パターンとしては、大きく分けて2つあります。1つはこれまで述べてきたように「仮説をぶつける」パターンです。「現状」「あるべき姿」「問題」の3種類について、あなたが立てた仮説を早々にぶつけてみるのです。

仮説はあくまで仮説ですので、「そこは違う」「それは不要である」と、「ぶつける」段階では、否定的なレスポンスも予測できますが、そこで「これは求められていない」「このやりかたは好まれない」と気づくことも「ぶつける」ことの重要な意義です。否定されることを恐れていると、このような重要なインプットが得られません。あくまでも「叩き台」が叩かれているのであって、自身が否定されているわけではありませんので、初期段階で臆せずにぶつかっておくべきなのです。

そして2つめが、仮説がまだ構築できない段階でぶつける、次のパターン「『刺激・想起』をぶつける」です。

「ぶつける」② ディスカッションペーパーで「刺激・想起」をぶつける

具体的な事例をぶつける

仕事を依頼した顧客や上司の話に、情報のすべてが詰まっているとは限りません。気づいていないアイデアや問題点もあるでしょう。具体的な方向性が見出せていない場合もあります。それらを引き出すためには、「刺激」や「想起」を「ぶつける」のです。

「刺激・想起」の「ぶつける」方法としては、具体的な事例をディスカッションペーパーに書いて持って行き、担当者、あるいは上司に事例を見せれば、何らかの反応が返ってくるでしょう。

「こういうのは興味がある」

「こういうドラスティックな改革はうちでは難しいだろう」

こんな「感情」の反応でも構わないのです。それが、重要なインプットにつながります。

見せる事例も、同業他社であったり、まったく関係ない業界であったり、同じ会社の別部門であったり、相手によって工夫しましょう。横並び意識が強そうであれば、同業他社や自社の他部門を意識するでしょうし、トップランナー意識が強ければ他業界や海外のベストプラクティスなどの先進的な事例を好むなど想像がつくでしょう。

極端な事例をぶつける

事例を「ぶつける」際には、極端な、わかりやすい事例をぶつけましょう。似通った例をいくつぶつけても、それほど効果は期待できません。

・「大規模なリストラを行い、新規マーケットへ積極的に参入して会社をドラスティックに改革させた」という痛みを伴いつつも劇的な変化をもたらした事例
・「不採算部門からは手を引き、リストラせずに手堅く堅実な経営を通して時間をかけ、業績を回復させた」と、時間をかけて徐々に改善させた事例

たとえばこのような、正反対の事例を提示してみるのです。すると、痛みを厭わなかったり、劇的な変化は好まなかったりと、課題を設定する際の前提条件が見えてくることも

あります。

仮説も出ていない時に「刺激・想起」として「ぶつける」場合は、それぞれがまったく正反対の両極端の事例を「ぶつける」方が、はっきりとした反応や好む明確な方向性が見られます。

3パターンくらいに絞ってぶつける

コンサルタントが勉強会などを依頼された時、事例をたくさん見せれば見せるほど、喜ばれることがよくあります。とても勉強熱心なお客様であれば、事例が多いほど、それらひとつひとつについて勉強をされます。

とはいえ、事例が多過ぎると、「AとDの事例の違いって何？」「もっと詳細なことが知りたい」などと細部にとらわれて、本質的な議論ができなくなることもあります。

そもそもは方向性を見出すための叩き台であり、研究するためのものではありませんし、調べる労力もかかります。ですので、事例を「ぶつける」場合は、両極端な事例、もしくは多くても3パターンくらいのメリハリのある事例を「ぶつける」ようにしましょう。

11……「ぶつける」③ ぶつけ方のテクニック

一堂に会して、一斉にぶつける

色々な人に個別に仮説を「ぶつける」ことで、意見や考え方を集めることもできますが、一度に複数人に仮説を「ぶつける」ことができれば、それだけ効率よく、幅広く情報を集めることができますし、うまくいけば刺激となり新しいアイデアが出たり、方向性のコンセンサスを得ることもできます。

では、一斉に「ぶつける」には、どのようにすればいいでしょうか。コンサルタントの世界でよく見られるのは、仮説を図式化して描いたフリップチャートと呼ばれる大きな紙を囲んで、書き込みながら議論したり、プロジェクターで投影したりして、その場で意見を加筆修正して反映していくやり方です。こうして参加した人たちの意思確認をしながら、意見を集めていきます。

一斉に「ぶつける」意味としては、関係者の意見の食い違いを避けるだけではなく、相互に刺激しあうことで新しいアイデアを出していくという狙いもあります。

声の小さな人にも「ぶつける」には「回覧」をする

複数人に一斉に「ぶつける」場合、積極性などの人柄や職務的立場、思いの強さなど、個人差があり、「声の大きな人」ほど主役になりがちです。発言が苦手であるなど、いわゆる「声の小さな人」の意見が集められず、実質的に参加していなかったのと同じ、ということもあるでしょう。

そのような場合には仮説を書いた紙を回覧し、順番に意見を書いてもらうという方法があります。こうすれば「声の小さな人」でも必ず何かを書けるものです。たとえば「1人3つずつ、アイデアを書いてくださいね」と頼めば、たくさんの意見が集まりやすくなるでしょう。

周辺の人にも「ぶつける」

仮説を「ぶつける」場合、顧客側の担当者や上司に「ぶつける」だけではなく、その周辺の人に「ぶつける」というやり方もあります。

「周辺の人」というのは、たとえば顧客担当者や上司の補佐役をやっている人や、身近で一緒に働いている人などです。すると、よいアイデアが出てきたり、仮説を「ぶつける」相手についての情報が出てくることがあるのです。

「この案は、部長は懸念を示すと思います。理由は△△常務が反対されているからです」
「恐らくコストの点に疑問を持たれると思います」
「次長は来週重要な会議があるから、その前はゆっくりと話ができないでしょう」

など、そこから出てきた新たな情報から、仮説を「ぶつける」方向性の確認ができたり、「ぶつける」タイミングがわかったりします。

このようにして周辺の人に事前にぶつけておくことで、上司や顧客担当者に実際にぶつけた時の想定問答ができたり、よいアイデアが出なかった時などにも「○○さんはこのような意見を言われていましたけれど」と、導いて先に進めやすくなります。

9……「ぶつける」④ ぶつけた反応を確かめる

「感情」を確かめて見せ方を変える

「ぶつける」ことで得られるのは、情報だけではありません。「感情」について、わかることもあります。これも大きな収穫です。

たとえば営業改革の施策について、「業務効率化のためのシステム導入」という1つの案を「ぶつける」ことにした場合。この時、顧客側の担当者や上司がITに対して抵抗感を持っていた場合には、もしかすると「営業マンにさらに負荷をかけるようなシステム導入はできない」という反応が返ってくるかもしれません。このように、相手の「感情」が事前にわかっていれば、その後の仮説の提示の仕方も違ってきます。たとえば、「顧客データの管理や情報伝達等、作業をコンピュータに肩代わりさせることで、営業マンの労力を減らして効率化を図るのです。営業職が時間に追われる激務であることは、部長が一番良くおわかりなのではないかと……」

という提案の仕方が考えられます。逆に、相手が進取の気風を持っているとわかれば、

「業界の中でも先進的な営業推進体制ができます」

という言い方に納得されるかもしれません。

「あるべき姿」実現のためにすることは同じであっても、相手が違えば見せ方・進め方も変わってきます。その際に重要なカギとなるのが、「ぶつける」ことでわかる「感情」です。

「クイックウィン」「スモールスタート」など難易度を確かめてやり方を変える

何かを変えようとする時に、誰しも、今まであったものをすべて変えてしまうやり方には不安を感じてしまうものです。このような場合はどこかを残して変化を促すような、導き方の工夫や配慮が必要です。相手や関係者の抵抗感などを察知した場合には、その後の課題設定や進め方に一工夫加えることが必要になってきます。

たとえば「クイックウィン」。これは比較的早い段階で小さな成功体験を作るやり方です。短期間で目に見える成果を上げて、「なるほど。これは使える」と小さな達成感を感じさせて、抵抗感を早くに払拭し、その後の進め方を加速させるやり方です。

また、最初からすべての部署に対して変化や改革を促すのではなく、一部の部署から始めていく「スモールスタート」も有効です。たとえばいきなり全社レベルでやるのではなく、パイロットとして規模を限定して行い、結果を見て、軌道修正しながら進めるといったものです。

初期段階で「ぶつける」ことで、課題設定における進め方、関係者が感じている難易度、その軽減方法が見えてくるのです。

反対する人に「ぶつける」と後々スムーズになる

どのような仮説を立てたとしても、それに対して反対の意見は必ず出てくるものです。仮説をぶつける時には、最も反対しそうな人にあえてぶつけるのも1つの方法です。いずれはその人にも納得してもらう必要がありますし、最も反対する人が納得すれば、その後はかなりやりやすくなるでしょう。

「ぶつける」という課題設定の初期段階では、このような反対する立場の人をあらかじめ探して、意見をいただき、それを反映していくという狙いもあります。ですので、この段階で、あまり詳細で完成度の高い仮説を持っていく必要がないのです。

10……「計る」—— インプットを公正・正確にする

経験や声の大きさに惑わされないために数値化する

たとえ話です。仮説に基づいてAという改革案を出してみました。すると、顧客側のベテラン営業部長がこう言います。

「今までの経験から、A案はすごく時間がかかるはずだ。だからB案をやるんだ」

この時、あなたは営業部長に何と答えますか?

実際のコンサルティングでも、このような場面はしばしばあります。コンサルタントなら、こう答えます。

「では、A案はどれくらい時間がかかるのか計ってみましょう」

インプットの最後の段階、「計る」は、「現状」や「あるべき姿」の施策案、問題の影響度合いなどを客観的に見えるよう数値化することで、課題設定の判断をしやすくするための作業です。

インプットの段階では、いわゆる「声の大きな人」や、経験則で判断する人、ポジションの高い人の意見に引きずられてしまうこともあります。そこで、公正かつ正確な判断をするために「計る」のです。

先程のたとえ話の場合、「A案とB案、どちらが時間がかかるのか」を「計る」ことで、「すごく時間がかかると思われていたA案とB案は大差がない」という目に見える結果が出て、説得材料にできることもあるのです。

「社内の数値」を計る

では具体的に何を計ればいいのでしょうか。その対象は主に「社内の数値」となります。

というのも、「社外の数値」というのは、顧客・競合・自社や製品・価格・販売促進・チャネルなど、マーケティングの数字であり、公のデータが中心なので、個人でオリジナルの数値を「計る」のは時間がかかり過ぎるからです。そこで必然的に「計る」のは「社内の数値」となります。

また、「計る」は必ずしもなければならない作業ではありません。課題設定において、何が重要なのか判断がつかない場合や、影響度がわからないと進めないという場合において計ればよく、何でも数値化しようとすると、そのための作業負荷というものが膨大になってしまいます。

プロセスマップで「人」「物」「金」を計る

「社内の数値」としては、経営資源と呼ばれるものがあります。「人（人手・人件費など）」「物（資材・生産量など）」「金（コスト・利益など）」の3つです。基本的に仕事の流れはこの3つを掛け合わせることで推移しますので、「社内の数値」を「計る」時は、これらについて「計る」ことになります。さらに4番目の経営資源と呼ばれるものが「時間」です。

これら4つの資源と業務上の流れをまとめた図が「プロセスマップ」（132ページ参照）です。これはコンサルタントが業務分析をする際に作るもので、社内におけるプロセス（仕事の手順）に沿って経営資源がどのように動いているのかがわかります。

これを作ると、社内の数値を客観的に「計る」ことが可能です。

「職場環境」「カルチャー」を計る

ビジネスでは、数値として計りにくいものもあります。たとえば、「職場環境」「カルチ

「社内の数値」を「計る」

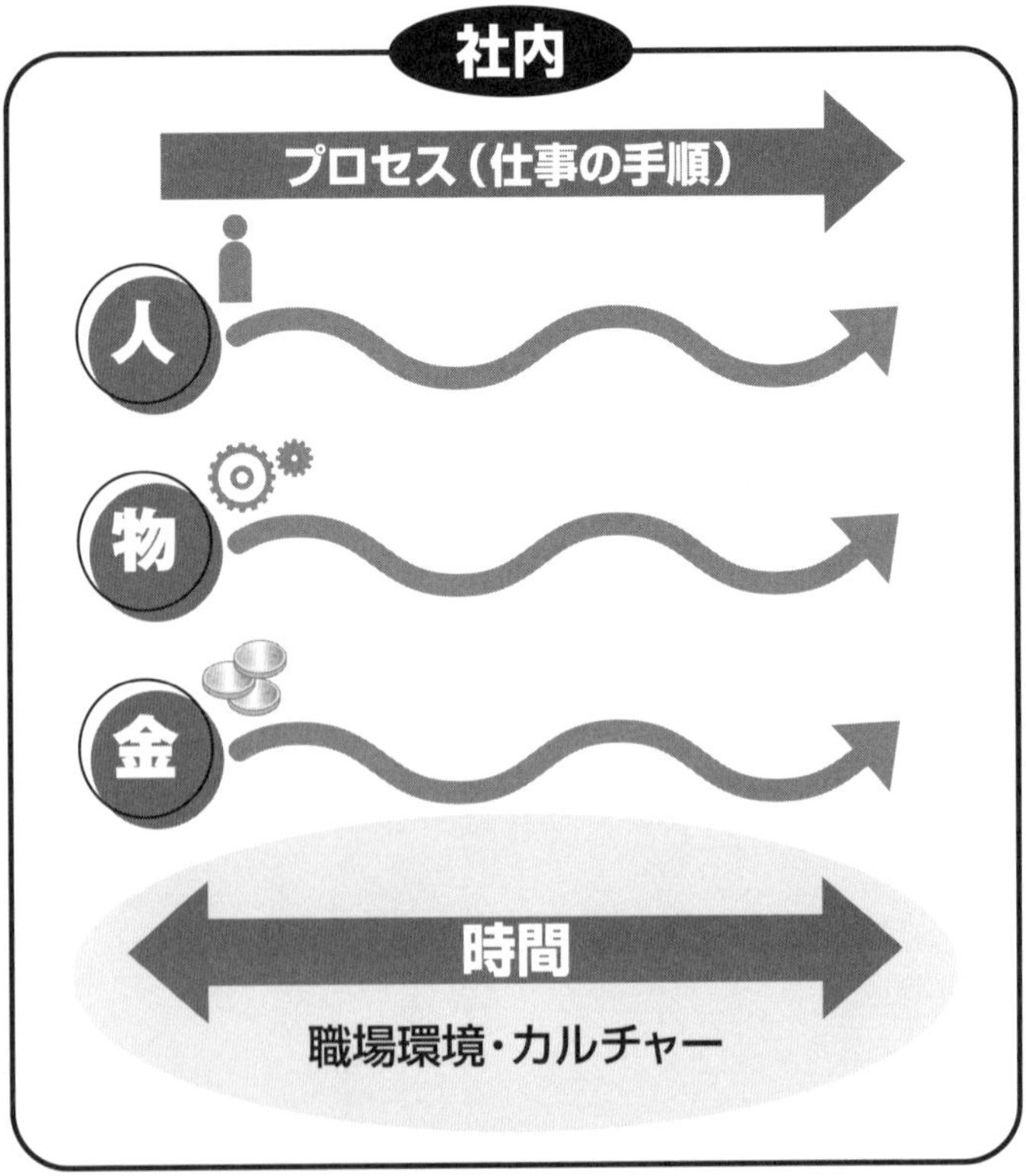

それぞれの数値に対して、状態（Status）の比較と経緯（History）の変化を見て、異常値（Alert）を見出す

ャー」などです。これらは主に従業員のモチベーションやモラルの話です。こういったものを「計る」指標は、どんなものが考えられるでしょうか。

もちろん、従業員満足度調査などを実施すればかなり正確に職場環境を表す数値が計れます。たとえば最近では「鬱病」など、仕事を起因とする病気も増えているので、鬱病発症者数の推移なども「職場環境」「カルチャー」の数値をつかむ上での指標となります。また離職率や、新卒採用された社員の人数に対して退職する人の割合が多いのか少ないのかを「計る」、入社から退職までの期間を「計る」など、色々な数値化が可能です。

1つの数値だけではなく、複数の数値の関連性を見ることで新たな重要な数値が出てくることもあります。

11 ワンランク上のインプット

数値情報を上回る、1枚の写真

インプットは、何も数字や文字に限るわけではありません。

小売業のクライアントの依頼で、「競合店に徐々に差を開けられているのだが、原因がなかなか見えない」という相談を受けたコンサルタントから聞いた話です。いろいろ調べてみたけれど、品数や取り扱っている商品数やサービス内容はほぼ同じで、立地や店舗数もひけをとっていない。いくら分析しても数字を見る限りでは、どうしても売り上げの差の決定的な要因がわからない。

そんなとき、両者の店舗の写真を比較してみたのですが、すると疑問はすべて氷解したのです。商品の積み方、陳列の乱雑さ、入り口からの店内の見え方など、写真を見れば、競合店との違いが一目瞭然だったのです。

このように、1枚の写真から得られる情報量が文字や数値情報の何十倍、何千倍にもなる場合があります。

書類が山積みの職場。人の動線が不自然な工場。時間帯別のオフィス状況。

下手にたくさんの数字を並べるよりも、1枚の写真を見るだけで、それらを上回るインプットを得られることはよくあります。

現場に足を運ぶことが一番

次は「データセンターをどこに外部発注するか」という調査・選定の依頼を受けた、私の実体験に基づくエピソードです。

候補となるデータセンターの資料や情報を基に、調査にかかりました。システムのハード・ソフト環境、立地など、データセンターであればこその評価基準がたくさんあります。地震の被害を避けるため活断層近くの立地を避ける、水害を避けるため河川の近くの立地はポイントが下がるなど、評価基準を設け、数値化していきました。

そして最終的に、評価ポイントは横並びに近くなりました。そしてどこでも同じならクライアントがお付き合いのあるA社のデータセンターが有力かと考えました。

そこで現地を視察してみると……、「即決定!」と言える違いがありました。働いている人たちの表情からわかるモチベーションの差や、施設の充実度など、外部からは特に数値化しにくい違いが、すぐに目に飛び込んできたのです。

「現場に行って得られるものは大きい」と痛感させられる経験でした。

相手のオフィスにいるだけでわかることもある

コンサルタントというと、クライアントへレポートを提出し、インタビューやプレゼンテーション、ディスカッションの時だけ足を運ぶと思われがちなようです。しかし最近は、もっと先方と一心同体になって仕事をするケースが増えています。

プロジェクトルームを設置するようなケースであれば期間中ずっと常駐することが当然ですが、そういった専用ルームをいただけない場合でも、メンバー1人だけでもオフィスに席をいただくことをお願いすることがあります。

クライアントのオフィスに身を置くことで得られる情報には重要なもの、本質的なものも多くあります。電話が鳴り続けているのに対応されない。職場の雰囲気。こういった情報は、会社のトップにいる人たちには見えず、なかなか伝わってこない情報でもあり、本質的な課題設定に必要となるインプットも多々あります。

数値は錯覚や思い込みで判断しないためにも重要ですが、このように肌で感じ取る情報も重要だということを、覚えておいてください。

インプットで大切なのはデジタルよりアナログ

「最近はパソコンに向かっているだけで仕事をしているつもりになっている人が多い」という意見は、どの業界でも聞かれます。さらには、「ミーティング中もパソコンに向かっている」という人も増えてきました。もちろん、ミーティング中のパソコンの使用には資料を確認する、議事録やメモを取る、議事に関連することを調べているなどの理由があるでしょう。ただ、重要なインプットである議論に集中できない要因になっていることはないでしょうか。

インプットの段階で大切なのはアナログな行動だと、私は思います。アナログな行動とは、直接会って議論を深める、現場を見る、自分で調べる、などの行動です。まさにインプットの3つの要素、「聞く」「ぶつける」「計る」を自分で直接行う行為です。これらを省力化して、インターネットでデジタル化された情報を集めたり、仮説が得られないままプレゼンテーションソフトを使ったり、メールでのやり取りを行うだけでは、直面している個々の事象に対しての答えにはたどり着けないでしょう。

ＩＴに頼ったインプットでは期待を上回れない

第1章で、「期待の5段階評価」について述べました。

インターネットから様々な情報を得て、プレゼンテーションソフトを使えば、短時間で見栄えよく、課題や仮説らしきものを作成することができます。しかし、それでは「期待の5段階評価」の「3」止まりだと思います。なぜなら、「4」「5」という評価を得るには、アナログなインプットによって期待を捉え、本質に近づいていく作業が欠かせないからです。ＩＴは効率化のための道具であり、人間に代わって新しいものを生み出したり、直面している事象に答えを考え出してくれる便利なツールではありません。

課題設定やその達成に必須となる関係者との信頼は、アナログなインプット行動の積み重ねの上に構築されます。これが「期待の5段階評価」の「4」「5」へとつながっていくのです。

第4章

課題設定のアプローチ②

プロセス

——課題の組み立て

1 インプットで得た情報から課題を設定する工程

インプットした情報をアウトプットにつなげる

仕事の依頼者や関係者から情報を集めるインプットの次は、収集した情報から、何が論点であり、取り組むべきテーマであるのかを抽出する作業に入ります。これが課題設定のプロセスであり、自分だけでなく、実行に関わる関係者に課題を理解してもらうために、一定の形式として出力するアウトプットに向けた作業です。曖昧な状況の中からインプットで得た情報を基に、「現状」や「あるべき姿」の方向性、「問題」とその解決策を見出していくのです。

取り組む内容が簡単であれば、打ち手がすぐに出てきますが、その場合には課題設定というよりは、「要対応事項」ということになります。しかし実際には、取り組みにある程度の時間や関係者を要するケースが多いでしょう。となると、簡単に打ち手は出てこないことがほとんどです。それをいかに導き出すかが、本章でお話するプロセスです。

ロジカルシンキングとラテラルシンキングを組み合わせて考える

このプロセスの段階で中心となるのは2つの思考法です。

1つはロジカルシンキング（論理思考）。事象の因果関係を構造化して捉え、結論を相手に理解しやすく説明し、説得するための思考法です。問題の解明や改善施策の抽出に適した思考法として知られているので、ご存知の方も多いでしょう。

もう1つがラテラルシンキング（水平思考）です。成熟・飽和した市場や手詰まり感のある職場などで、革新的なアイデアを発想するための思考法です。主にイノベーションに向いていると言われています。

インプットで得た情報を基に、この2つの思考法を組み合わせて考えることで、よい課題設定をすることができるのです。

本章では、インプットで得た情報から、「現状」「あるべき姿」「問題」およびその解決策を導き出す方法について、ロジカルシンキングとラテラルシンキングという2つの思考法の使い方と、その組み合わせ方をご紹介していくことにします。

2 ロジカルシンキングとラテラルシンキングの関係

ロジカルシンキングだけだと期待どおりの「3」止まり

ロジカルシンキングという言葉自体は、知っている方も多いかと思います。最近ではビジネスパーソンだけではなく、大学生の間にも浸透しています。

ロジカルシンキングについて簡単に説明しますと、原因を追究して結果に結びつける直線的な因果関係の思考です。後述のイシューツリーやピラミッドなどのツールを使い、論点を分解して、全体を構造化します。この時、MECE（ミーシー）と呼ばれる考え方や、フレームワークを用いて情報を整理していきます。

ロジカルシンキングは、原因と結果について、詳細に分解して考えていくことが可能な思考法です。ただし、分析には適していますが、因果関係、相関関係の範囲の外にある解決策には、なかなかリーチできない思考法でもあります。よって、第1章のストーリーの

プロセスに必要な2つの思考

ロジカルシンキング（論理思考）

問題の原因を正しく捉えることで解決策を合理的に導き出し、改善や効率性を追求するための思考法

改善・効率化に向いている

ラテラルシンキング（水平思考）

成熟・飽和した市場環境や手詰まり感のある職場環境において革新的な発想を生み出すための思考法

イノベーションに向いている

ように「営業日報を書く時間を短縮する」ということを与件としてしまうと、それをスタートとして検討を進めてしまうことになり、出てきた施策を実施しても「期待どおり」の結果で終わってしまうこともありえます。

ラテラルシンキングだけでは実現性の低い、突拍子もないアイデアに

次に水平思考と呼ばれるラテラルシンキングについて説明します。

ラテラルシンキングは１９７０年、創造的教育の研究者エドワード・デボノ博士が提唱した発想法です。ロジカルシンキングの直線的な思考法に対するアンチテーゼとして生まれました。

ロジカルシンキングとラテラルシンキングの比較

ロジカルシンキング（論理思考）		ラテラルシンキング（水平思考）
原因を追究し結果を生みだす 直線的な因果関係思考	**特徴**	見方をスライドさせて別の やり方を見つけ出す創造的思考
イシューツリー、ピラミッド 原因から結果、根拠から結論	**考え方**	前提を疑う（なぜそれをするのか？） 問題を逆に考える
MECE 漏れ、ダブりを防いで全体を見る	**見方**	アイデアワード、たとえる 横から応用する
フレームワーク 土台を整えた上で議論	**意見の出し方**	ランダムワード、6つの帽子 奇抜な組み合わせや視点を変えて議論

新しい発想を求められる場面で効果を発揮するラテラルシンキングは「前提を疑う」「見方を変える」「組み合わせる」という3つの基本的な考え方から成り立ちます。

　ラテラルシンキングの考え方をすると、慣習や与件として動かせないはずの前提条件などから離れて考えられるために、新しいアイデアが出てきやすくなります。ただし実現性の低いアイデアが出てくる可能性もあるので、出てきたアイディアの実現性を検証していくことが必要となります。

　実現性の検証には、やはりロジカルシンキングで構造化して考えることが必要になるのです。

1 ……… ロジカルシンキングのおさらい

基本は2つの見方と2つの考え方

近頃ではすっかり市民権を得たロジカルシンキング。その内容は意外とシンプルです。ここで、ロジカルシンキングの基礎とも言える、見方と考え方について、ザックリご説明しておきましょう。

ロジカルシンキングの見方とは、全体を構造化して、論点を分解することです。MECEやフレームワークといったツールが登場します。

ロジカルシンキングの考え方とは、原因と結果を樹形図状に展開して全体を捉え、問題を階層化し、課題を見出す考え方です。その際に、イシューツリーとピラミッドという2つのツールが登場します。

この見方と考え方が、ロジカルシンキングの大まかな特徴です。

ロジカルシンキングの基礎

見方

全体を構造化して論点を分解する。
論点をイシューツリーやピラミッドの軸として適用する。

●**MECE**（漏れなくダブりなく）

●**フレームワーク**（効率的な分析）

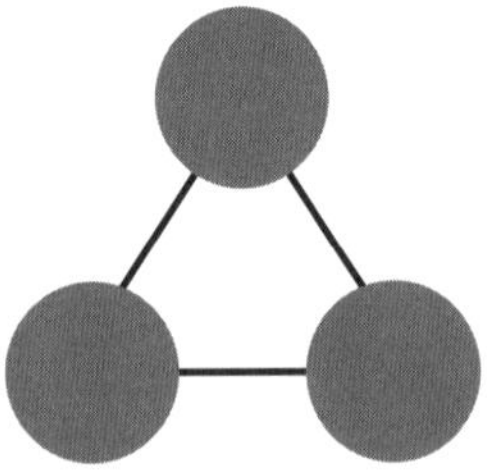

考え方

原因と結果は樹形図状に展開できるという前提に基づき、
問題を階層化し、課題を見出す。

●**イシューツリー**（原因追究）

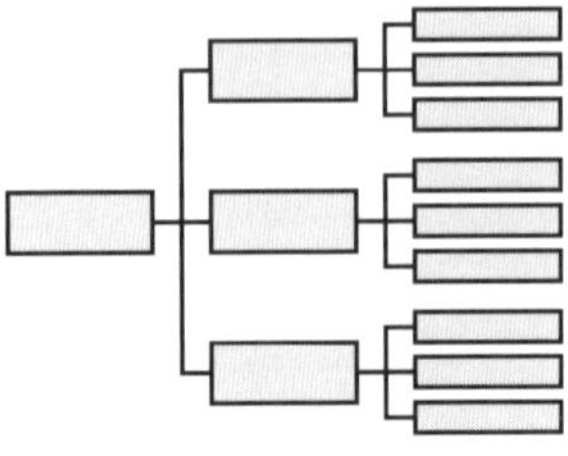

●**ピラミッド**（結論の提示）

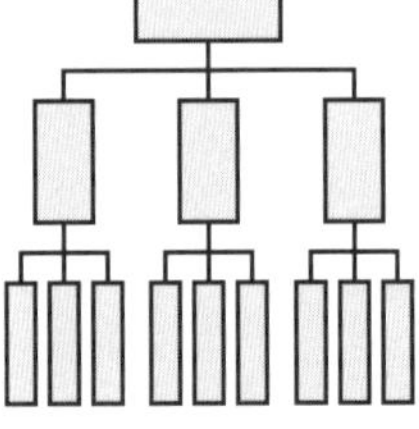

4……ロジカルシンキングの見方① MECE

「漏れなく」「ダブりなく」事象の全体を把握する

ロジカルシンキングの見方で欠かせないツールがMECEです。MECEとは「Mutually Exclusive and Collectively Exhaustive——漏れなくダブりなく」という意味の英語の頭文字です。ある事象を見た時、全体を包括的に捉えた上で、重なることなく切り分けていくという考え方です。

たとえば「人間」についてMECEで分けるとすると、男女という「性別」で分けるのがMECEです。これを「男性と女性と子供」とすると、子供も男の子と女の子に分かれるため、これは「ダブる」ことになり、MECEとして分けられていることにはなりません。また「人間」を老人と子供で分けると、その間の年齢層が含まれていないため「漏れている」ことになり、これもMECEにはなりません。

このようにＭＥＣＥは「漏れる」「ダブる」ことを防いで情報を整理する考え方です。

また、ＭＥＣＥには１つの軸で切り分けるパターンと、複数の軸を組み合わせて切り分けるパターンがあります。「人間」を性別だけで分けると男性と女性に分かれます。ここで「20歳以上」と「20歳未満」で分けると、４つに分かれることになります。

このように切り分けていくことで論点を明確にしていきます。また、切り分ける軸の数が増えていくと、論点を細分化して分析することができます。

ＭＥＣＥを作る基本の4分類軸

ＭＥＣＥで切り分ける軸は、大きく分けると「対立概念」「数値」「時系列・手順」「要素」に分類されます。

対立概念は文字どおり、対立する要素同士で分けていくパターンです。性別で言えば男女、年齢で言えば大人と子供（20歳以上と未満で考えれば、成年と未成年）、会社などであれば社外と社内といったように、対立する要素で切り分ける考え方です。

これを組み合わせれば、「成年・未成年で男・女別に分ける」や、「個人情報保護の重要性について、社内と社外での関係者の認知度比較」といった切り分け方ができます。

数値で分けるパターンの例としては、年齢層によって分ける（10代・20代・30代・40代）、

MECEの分類例

MECEとは、事象を全体的・包括的に捉えるために、相互にダブりなく全体として漏れがない部分の集合体として捉える思考法。課題を形成するために状況の全体像と構造を明らかにする視点を持って、漏れなく、ダブりなく情報整理を行う。

①対立概念分類
社内・社外、表・裏、温・冷、高・安、ハード・ソフト、変動・固定、ミクロ・マクロ、男・女、プラス・マイナス

②数値分類
年齢・金額・身長・体重・時間……

③時系列・手順分類
現在・過去・未来、インプット・プロセス・アウトプット、調査・分析・実行

④要素分類
学校（小学校・中学校・高校・大学……）、四季（春夏秋冬）

身長によって分ける、体重によって分ける（ウエストサイズが○○センチ以上だとメタボだ）などがあります。

時系列によって分けるパターンは、現在・過去・未来といった時間的なことから、初期・中期・終期のようなプロジェクトの段階など、順番で分けることも考えられます。

そしてもう1つの分け方が、要素によって分けるパターン。

たとえば「学校」をMECEで分ける場合、小学校・中学校・高校・大学・専門学校・短大、それに専門性が特に強い学校などで分けることも考えられます。

なお、学校の例で挙げれば、「中高一貫校」や「アメリカンスクールの日本校」

などの学校もあります。このような少数の要素については「その他」でまとめていくことになります。ただし、「その他」に含まれる要素があまりに多いと、分類の意味がなくなる可能性があります。可能な限り「その他」が多くならない軸を考えていくべきです。

ＭＥＣＥに切り分けることは、論点をはっきりさせてどこに問題があるのかを考える際に有効で、課題を設定する上で、情報や思考を整理するためには欠かせない作業です。

【 】……ロジカルシンキングの見方② フレームワーク

典型的な問題を効率よく考える

たとえばサービスについて検討する場合の典型的なフレームワークとして、QCD（クオリティ・コスト・デリバリー）というものがあります。サービスについて、品質・価格・デリバリーの視点から検討するのに用います。

このように、特定の領域での検討のために要素分解されているフォーマットがフレームワークです。マーケティングや競争戦略など、用途ごとによく使われるフレームワークがあり、現在40～50のフレームワークが存在すると言われています。代表的なフレームワークの中には、コンサルタントにとっての定石、共通言語といえるようなものが多数あり、コンサルタントであれば、検討する事象を見た瞬間に、どのフレームワークを活用して分析するのが妥当か、即座に言えなければならないとまで言われています。

フレームワークには先人の知恵が詰まっており、長年の使用に耐えて存在しているわけです。もちろん、今後必要性や時流に応じて、要素の増減などマイナーチェンジがあったり、まったく新しいフレームワークが生まれたり、逆に淘汰されていくものもあります。ロジカルシンキングにおいて、なぜフレームワークが重要なのか。その最大のメリットは、外してはいけない要素と関連性がきちんとまとまっており、長年の使用により、その有用性がある程度保証されていることです。

ビジネスにおいて、毎回ゼロベースから考えを組み立てていては時間も労力もかかります。できる限り活用できるフレームワークを使い、検討を効率化することが望ましいのです。

フレームワークだけに頼ると結論は同じものに

誰でも使えて効率的に分析ができるフレームワークは、便利なツールです。ですが、効率化までは図れても、自身の知恵を加えなければ、固有の問題には立ち向かえません。

たとえば、「4C」のフレームワークを知らない相手に、このフレームワークで分析した結果を見せれば、感心されるかもしれません。「こんな分析の仕方があったのか!」と。

しかし、そこにプロットした情報が有益でなかったり、出てきた結論がありきたりであ

代表的なフレームワーク

名称	用途	要素
3C	経営戦略、事業戦略	顧客、自社、競合
4P	マーケティング活動	Product、Price、Place、Promotion
4C	マーケティング活動。4Pを顧客視点から見たもの	Customer Value、Cost、Convenience、Communication
QCD	仕事やサービス提供の分析	Quality、Cost、Delivery
5Force	競争環境の俯瞰。自社を脅かすものを把握する	①既存業界内・他社との競合、②代替品の登場、③新規参入、④供給者の圧力、⑤ユーザーの圧力
SWOT	マーケティング分析として、自社の強み、弱み、取り巻く環境を把握する	強み・弱み／機会・脅威
バリューチェーン	会社の機能を概念的に捉え、強みや弱み、注力・補強・アウトソース領域などを検討する	業界により様々だが、一般的には「開発・企画・製造・調達・営業」など
7S	企業・経営全般の俯瞰。マッキンゼーのフレームワーク	ハードの3S（Strategy、Structure、System） ソフトの4S（Staff、Style、Shared Value、Skill）

れば、逆にフレームワークを使っただけで、使いこなしてはいないと見なされます。

これでは、期待に対する5段階評価で言えば「3」の結果も難しくなるかもしれません。

フレームワークは、使いやすい情報整理の箱が提供されているにすぎません。固有の事象に対して、ただ箱に情報を入れただけで方向性が見えてくることはありません。最終的には、自ら論点を切り分けられる力がなければ、期待を超える課題設定は難しいでしょう。

フレームワークは適材適所で使えば便利なツールですが、フレームワークだけに頼ることには限界があることを忘れないでください。

6 ……… ロジカルシンキングの考え方① イシューツリー

問題の原因をツリー状に分解していく

ＭＥＣＥやフレームワークで論点を切り分けたら、今度はその因果関係を考えていく作業が必要となります。１つの問題を、多岐に細分化して原因を追究していく。枝分かれしていく図形から、これをイシューツリーと呼びます。

たとえば、自社で開発した商品Ａが売れないとします。その原因を考えていくと、「商品Ａ自体を市場であまり目にしない→商機が少ない」「競合する他社商品の平均価格よりも高い」というものが出てきました。

「商機が少ない」の原因を追究していくと、「商品Ａ自体が品薄である」「取り扱っている店舗が少ない」「通信販売をしていない」などの詳細が、「平均価格よりも高い」の原因を追究すると「コストがかかっている」「生産数が少ないので単価が下げられない」などの

イシューツリー

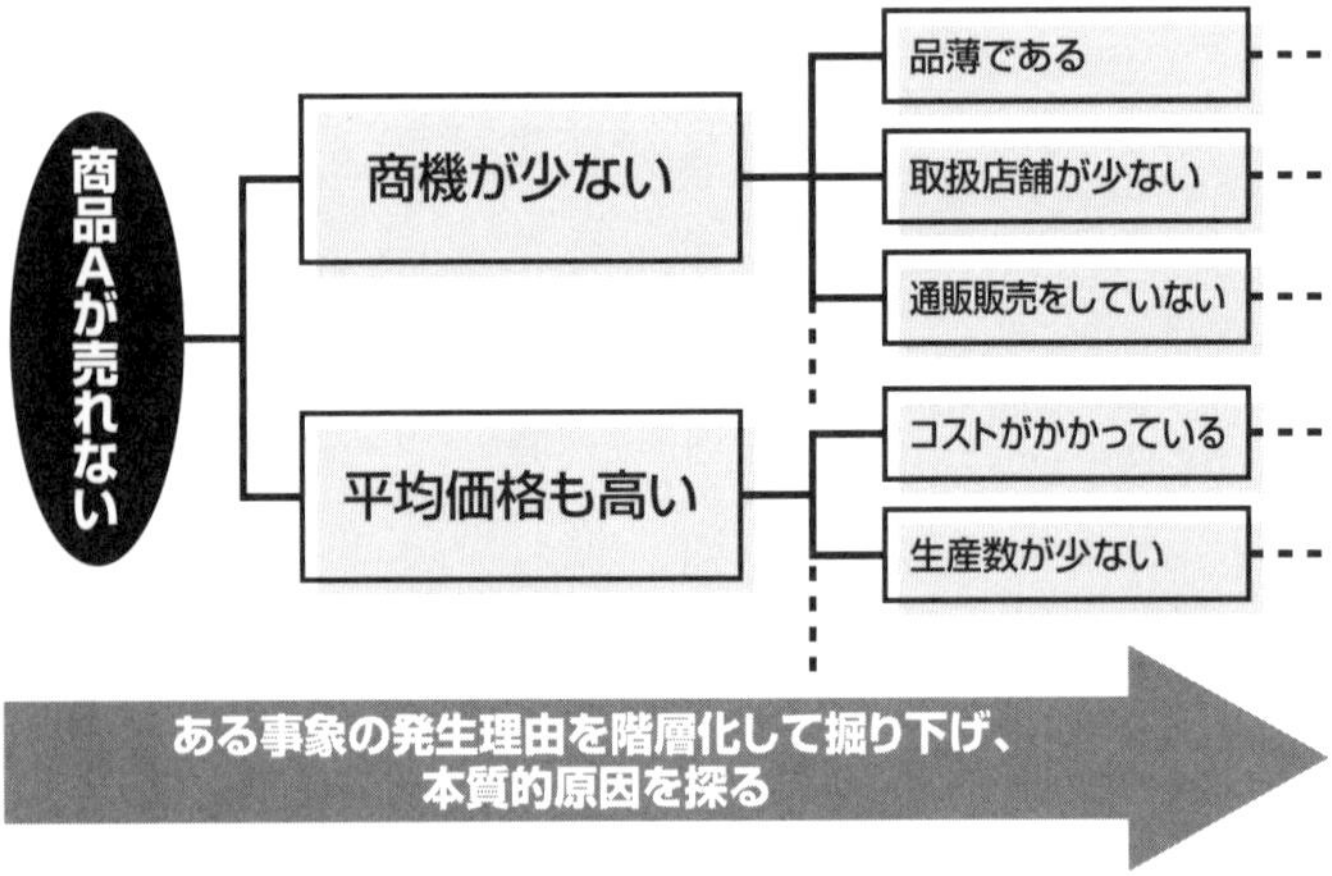

詳細が見えてきます。

そこからさらに「商品A自体が品薄である」に焦点を当てて原因を考えてみると「生産ラインが少ない」「流通が滞っている」、「取り扱っている店舗が少ない」については「この商品分野での営業力が低い」「競合他社が販路を押さえている」、「通信販売をしていない」からは「通販企業への営業活動の不足」「ウェブサイト構築の予算がない」といった新たな原因が出てきます。そして出てきた新たな原因についても、さらに掘り下げて考えるようにします。

このように1つの事象に対して、その発生理由を分けて、階層化して、考えていくことで、本質的な原因を抽出して、課題設定に結びつけるのがイシューツリーです。

分岐はMECEやフレームワークで

イシューツリーの分岐する部分について考える時は、MECEな軸やフレームワークの要素を用いて分岐させます。たとえば3Cのフレームワークを使うと「自社の立場は……」「競合の戦略は……」「カスタマー（購買層）の視点は……」というように、3つの軸に分岐させて、さらに細かく原因を見ていくことができます。

このように細分化された原因は、末端に行けば行くほど樹状になります。イシューツリーと呼ばれる所以です。

イシューツリーは、事象とその理由を細分化し、根本原因を突き止め、アクションを決定します。ですので今起きている事象の根本原因究明やその改善に向いています。「課題設定」においては、この根本原因を解消するための施策を考えることになります。

7……ロジカルシンキングの考え方② ピラミッド

ピラミッドストラクチャーで説得する

イシューツリーが論理的に検討してアクションを導き出すための手法だとしたら、ピラミッドは論理的に説明・説得するためのコミュニケーション手法です。

たとえば第1章で「営業日報を入力する負荷が高い」というストーリーがありました。これについてイシューツリーで根本原因を探っていき、「上司のフィードバックがないため入力のモチベーションが低下している」という根本原因が抽出され、「新日報システムを活用した営業力強化」という「あるべき姿」を設定したとします。この課題設定を関係者に意義あるものとして伝え、説得するために、ピラミッドストラクチャーを用いるのです。

結論である「営業力強化」がなぜ実現されるのかを説得するため、QCD（Quality・Cost・Delivery）というフレームワークを使って説得するとします。「新日報システムはた

ピラミッド

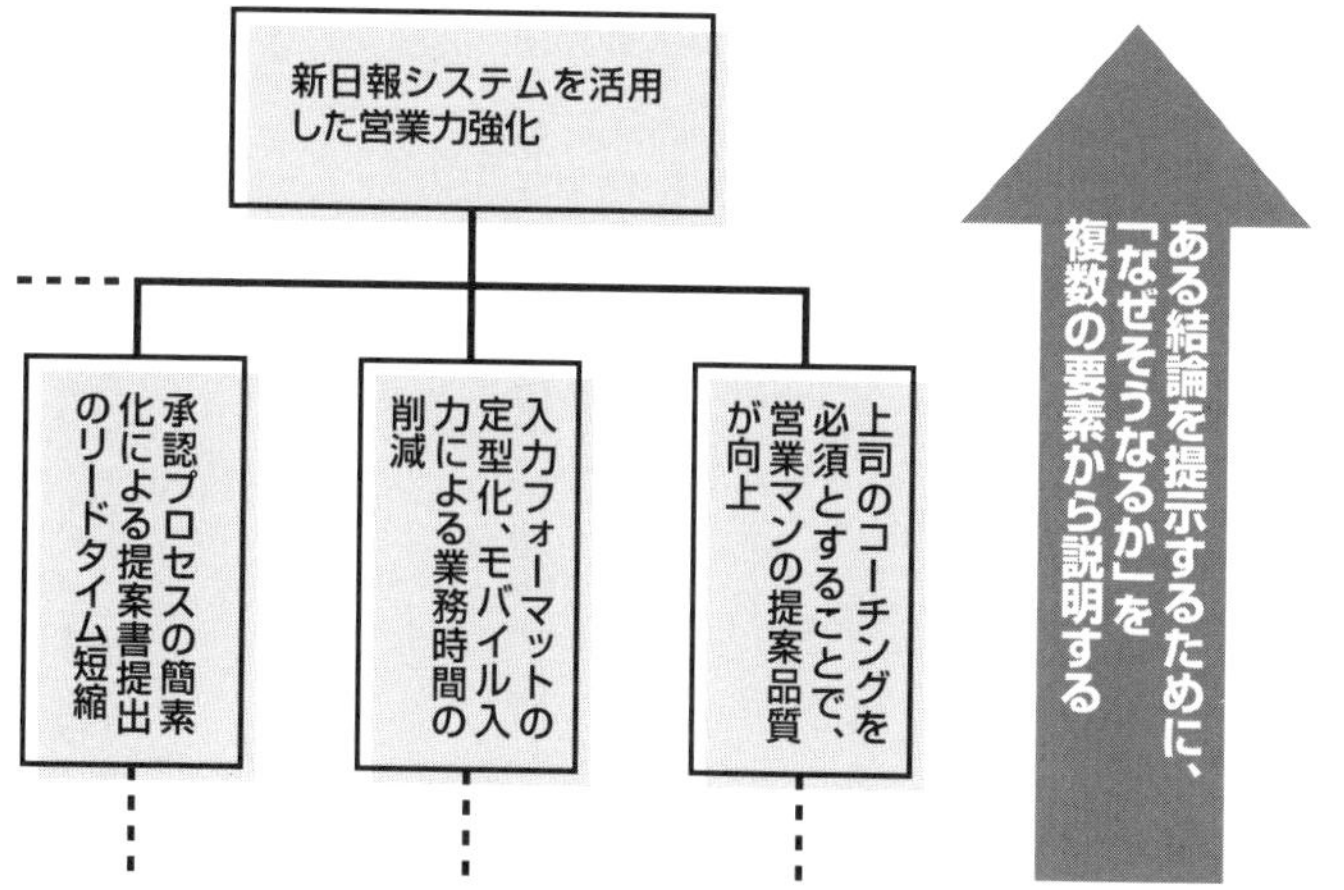

だ入力して終了ではなく、上司のコーチングを必須とすることで営業マン個人の提案品質が向上します（Q）」「入力フォーマットを定型化し、モバイル入力をすることで、業務時間が削減されます（C）」「承認プロセスの簡素化によって顧客に提案書を出すリードタイムが〇日早まります（D）」というピラミッドで説明・説得するのです。この3つにはさらに、具体的にシミュレーションした削減時間などの数値をつけることで、より説得力が増すでしょう。

イシューツリーは原因究明のための分析・検討手法であり、ピラミッドは説明・説得のためのコミュニケーション手法と言えます。

8……ロジカルシンキングの限界とラテラルシンキングの必要性

ロジカルシンキングだけでは突破できない壁がある

事象の根本原因を究明して改善したり、関係者を説得する作業において、ロジカルシンキングは有効です。ですがロジカルシンキングでは、やり方を改善する方法は考えられても、やること自体を変えてしまうという発想はなかなか出てきません。また、原因はわかりきっているものの、決定的な解決策が見出せない場合や、「あるべき姿」が描けないという行き詰まった状況も、ロジカルシンキングだけでは、方向性を見出すのは難しいといえます。

とても緻密なイシューツリーを作って因果関係の影響度を数値化しても問題が解決できない、というご相談を受けたこともあります。それは、常に前提となる条件や事象が土台としてあり、その外側へ出て行くという考えが出てこないからです。これはロジカルシンシンキングの構造的な宿命と言えます。

現代のビジネスでは、市場は熟成してニーズも捉えにくくなり、出てくる問題も煮詰まったものであることが多くなりました。昨日有効だった施策は、今日にはもう無力となっていることが多くあります。

今、求められるのは、商品やサービスなどの「やること」や、業務やオペレーションなどの「やり方」を、改善することより、革新すること――つまり、イノベーションへと変わってきているのです。

そこで、ぜひ取り入れたいのがラテラルシンキング――水平思考です。

ロジカルシンキングとラテラルシンキングで相互補完する

ラテラルシンキングでは、「前提を疑う」「見方を変える」「組み合わせる」という3つの基本的な考え方で新しい発想を促進します。ただし、1点だけ注意してください。それは、「ロジカルシンキングはもうだめで、これからはラテラルシンキングだ」という考え方ではいけない、ということです。

ラテラルシンキングだけで物事を考えていくと、実現性に乏しい突拍子もないアイデアがたくさん出るだけで終わるということもありえます。仮にラテラルシンキングで変革の良いアイデアを考え出したとしても、それを関係者に説明する時、「理由や効果はうまく説明できませんが、今までにない新しいやり方です」というだけでは却下されます。出てきたアイデアの効果を検証し、わかりやすく説明し、説得するためには、やはりロジカルシンキングの手法が必要になります。

まず現状をロジカルシンキングで分析し、問題や原因を抽出する。そうして考える土台を作った上で、ラテラルシンキングで発想を促進し、新しい解決の切り口を探る。それを再びロジカルシンキングで検証し、説明・説得できる形にする。このように、ロジカルシンキングとラテラルシンキングを相互に、補完的に組み合わせる考え方が、これからのビジネスでは求められるのです。

これまで「クリエイティブな発想」というと、新商品を開発するなど物づくりに限定される感がありました。しかし現在は、経営や業務にもイノベーションを起こしうる発想が求められるようになってきました。

米国にはイノベーションを起こし続けるための手法を企業にコンサルティングしているＩＤＥＯという会社があり、大変話題になっています。米国だけでなく、多くの日本の一流企業もクライアントに持っています。アップル社のマウスやパームなど、革新的な商品を直接的に生みだすだけではなく、社員からそういった商品の発想が出る確率を上げ、商品化に結びつける方法論で企業にコンサルティングをしたり、人材育成を請け負ったりしています。その手法には、ラテラルシンキングも含まれています。感性から出てきたアイデアをビジネスに活かし、商品・サービスやプロセス、経営をデザインするというコンセプトで、クリエイティブをビジネスにつなげたと言っていいでしょう。

戦略コンサルティングファームが体系化・一般化されたノウハウを当てはめて提言するというコンサルティングスタイルであるとすれば、IDEOは個々の企業に創造性を与え、新しい知恵を引き出して形にしていくというコンサルティングスタイルと言えます。まさにこれは、ロジカルシンキングとラテラルシンキングの違いとも言えるでしょう。

今後のビジネスシーンにおいては、ロジカルシンキングとラテラルシンキング、この2つの思考を組み合わせて考えることが、どんな状況でも求められるのではないでしょうか。

9……ラテラルシンキングの基本

ラテラルシンキングとは？

ＭＥＣＥやフレームワーク、イシューツリーといったロジカルシンキングを駆使して出てきた施策が、どうも今ひとつインパクトに欠けるとき。または、他に可能性が残っているのではないかと思うとき。そんな時に登場するのが、ラテラルシンキングです。

水平思考とも呼ばれるラテラルシンキングは、決して奇をてらったり、面白いことを追求するという思考法ではありません。また、クリエイティビティは個人の才能やセンスに左右されるものですが、ラテラルシンキングは、チームでクリエイティビティを喚起してアイデアを出せる確率を高めていくという思考法です。

もちろん、ラテラルシンキング自体は１人でも可能なのですが、複数の人たちで刺激しながら考えることで、より発想を喚起することができ、それによって独創的な商品や新し

ラテラルシンキングの基礎

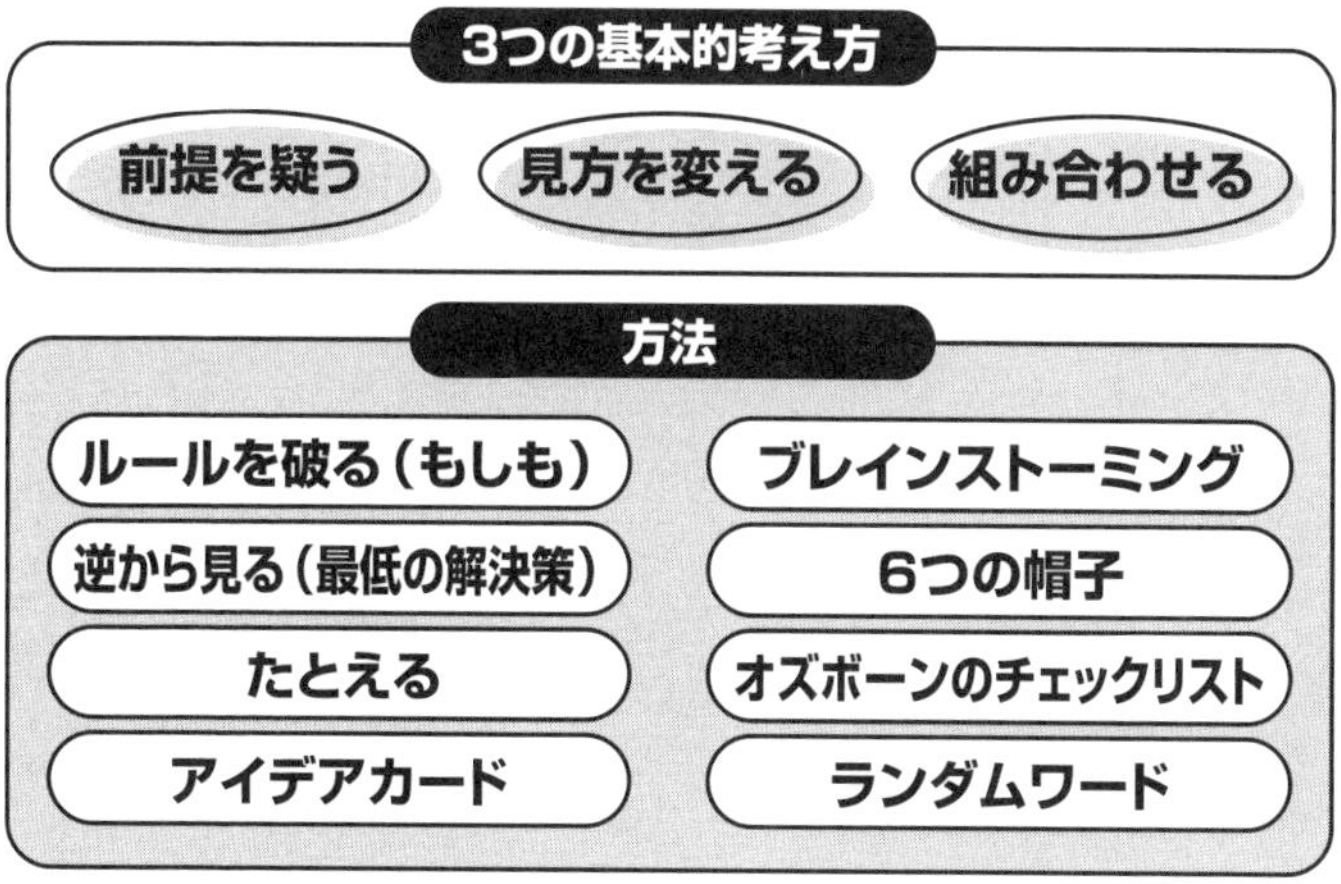

いサービスや改革につなげていくことが可能になります。

ラテラルシンキングの基本は「前提を疑う」「見方を変える」「組み合わせる」の3つです。ここからは、それぞれの具体的な活用方法について、ご紹介していくことにします。

3人のキーパーソン

ラテラルシンキングを理解する際、知っておきたいキーパーソンが3人います。まず1人目が、エドワード・デボノ博士です。水平思考そのものの提唱者であり、シックスハットなど新しい会議の形を考えた人です。『水平思考の世界』（講談社）、『デボノ博士の「6色ハット」

発想法』（ダイヤモンド社）という著書もあります。

次がアレックス・F・オズボーン。ブレインストーミング（ブレスト）の考案者として有名です。米国で広告代理店の副社長をしていたのですが、「よい企画を出すために」と考え出したのがブレストです。また、「オズボーンのチェックリスト」と呼ばれる、ラテラルシンキングにおける考え方も考案しています。

最後がポール・スローン。『ウミガメのスープ』という頭の柔軟体操のような、思考クイズを考えた人としても有名です。これは「ある男がウミガメのスープを飲んだその日に自殺した。なぜか？」という謎解きのような問題で、一見関連性のなさそうなものの因果関係を推理し、発想を柔軟にすることを目的としています。『あるバス』という問題もあります。「自分が車に乗っているとバス停に瀕死のお婆さんと、自分の親友と、自分の超理想の女性がいました。バスはしばらく来ません。さて、どうしましょう？」というもの。どうすれば全員が最もハッピーになれるか？　という発想を促すクイズです。

ちなみにポール・スローンはＩＢＭの元トップセールスマンで、今ではコンサルタントをしてこのような考え方の指導をしており、『イノベーション・シンキング』（ディスカヴァー・トゥエンティワン）という著書もあります。

この3人のキーパーソンの発案した手法については後ほど、詳しく述べます。

10 ……… ラテラルシンキングの考え方① 前提を疑う

ロジカルシンキングの盲点は、前提を疑わないこと

「営業の業務効率化を考えてほしい」という依頼が来たとします。

ロジカルシンキングの場合、「営業の業務効率化について考える」という前提で思考の組み立てを始めます。つまり最初から前提が存在しています。これはロジカルシンキングの宿命で、ロジックツリーのスタートとなる前提を疑うことは、なかなかできないのです。

一方、ラテラルシンキングでは、ロジカルシンキングのスタートである前提すら疑う対象になります。「営業の業務効率化について考える」という時に「その効率化は絶対に必要なのか?」「そもそも営業をなくしたらどうなる?」というところにまで立ち返って考えるのです。そのため、ロジカルシンキングと比べればはるかにドラスティックな変化を促すようなアイデアが出てくる可能性が高まります。

守るべき前提と変えてもよい前提

日常の会話でもよく「それが前提で……」という言葉が使われますが、前提にも色々あります。崩すべき前提と、崩してはいけない前提が。ここでいくつかの前提について、より「崩すべきではない前提」から見てみることにします。

まず、最も崩せない前提が「基本原則」「法制度」です。「他人に迷惑をかけてはいけない」「コンプライアンスを遵守する」といった前提です。

次に、ビジネスの世界であれば業界や企業間に存在する「商習慣」というものがあります。さらに、企業内の「業務ルール」「社内カルチャー」といったものが、社内での考え方の前提になっていることもあります。「人の意見」、たとえば上層部の決定事項や上司の指示が前提になっていることも多いでしょう。

また、自分の身の回りにも色々な前提があります。真偽が定かではない「噂」や「伝聞」が前提となり、それを信じて行動したり、判断しているということもあります。

最後に、前提と思っていたものが実は「本人の思い込み」だった、ということもあります。これは意識せずにそうなってしまっている場合が多いのではないでしょうか。

さて、これら様々な前提のうち、守るべきもの、崩してよいものの境界線はどのあたりにあるでしょうか。

前提を疑う

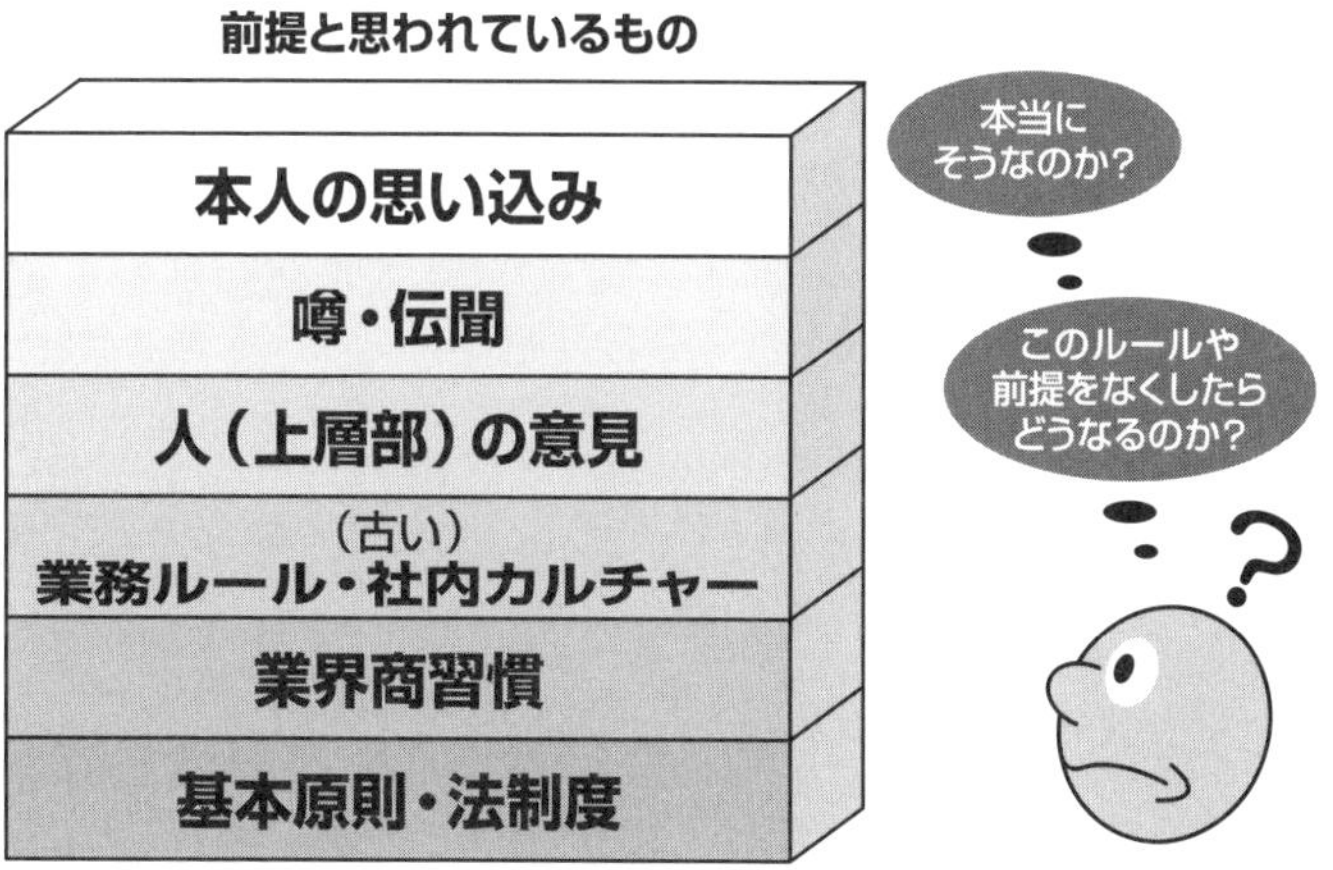

法律や商売の原則など、「基本原則」「法制度」は、時流が変わり、法律も変わる可能性はありますが、最も変えられない前提ともいえます。

一方で、「商習慣」「業務ルール」「社内カルチャー」あたりは、実は守るべき前提のように見えて、変えることによって大きな成果があがる可能性があります。特に、トラブルが頻繁に起こったり、閉塞感があるような場合には、昔は前提としてあった方が良かったことが、時代の流れとともに形骸化したり、合わなくなったり、さらには阻害要因と化している場合もあります。

「人の意見」「噂」「伝聞」「本人の思い込み」は、柔軟に捉え、積極的に疑う検討範囲に入れてもよい前提です。これを鵜呑みにしていては、本当の課題は見えてこない可能性があります。

前提を疑うというと、すべてをひっくり返すかのように感じるかもしれませんが、答えを出すことそのものよりも、取り組むべき良い設問を作ることの方が大切なのです。間違った前提の上で時間を費やしても、良い結果は生まれてきません。そのために、前提を鵜呑みにせず、答えを探すべき土台をきちんと作るということが大切なのです。

11 ラテラルシンキングの考え方② 見方を変える

シックスハットによる見方の変え方

ここからは、見方を変えるツールをご紹介していきます。まず1つ目が、「シックスハット（6つの帽子）」と呼ばれる、デボノ博士が開発した、非常にユニークな会議のやり方です。海外だけでなく、日本の企業でも活用されています。

シックスハットでは、そこに6つの帽子があると仮定します。そして、帽子は6色で区分されていて、それぞれの帽子に次のような視点が決められています。

1 白い帽子 （中立的視点〔事実やデータ〕）
2 赤い帽子 （感情的視点）
3 黒い帽子 （批判的・消極的視点）

4　黄色い帽子　（希望的・積極的視点）
5　緑の帽子　（創造的視点）
6　青い帽子　（冷静的・思考プロセス的視点）

そして司会進行役が「みなさん、赤い帽子を被ってください」と言ったら、全員で検討議題に対してひたすら感情的な意見を述べるのです。「これが実現したら嬉しい」「楽しい施策だ」「これは辛すぎるだろう」「気が進まない」という具合です。そして、また一定時間が過ぎたら司会進行役は「では次は黒い帽子を被ってください」と言い、今度は批判的・消極的な意見を述べていくのです。たとえ、その議題に対して推進する立場にあったとしても、全員が批判的な意見を述べなくてはならないのです。

こうして次々と、その帽子の色に沿った意見を出させてから、最後に青い帽子を被って、冷静な視点からの結論を出す。こういう会議のやり方です。

ディベートの場合、賛成・反対という2つの立場で検討することになりますが、「シックスハット」を使えば、より多面的に議題を検討したり、アイデアを出すことができます。

ブレインストーミングによる新しい発想の抽出

次は、ブレインストーミング（ブレスト）です。

オズボーン氏が考案したブレストは、連鎖反応や相互交錯を行って発想を誘発する会議手法として有名です。詳細は本書では省かせていただきますが、基本的なルールとしては、「批判をしない」「アイデアの質より量を出すことを重視する」「自由奔放なアイデアを歓迎する」「アイデアを結合し、発展させる」といった原則があります。また、アイデアを出しやすくするために「議題をあらかじめ周知しておく」「時間は長時間ではなく60分程度で集中して行う」「上司が先に発言しない（もしくは上司を参加させない）」「アイデアの目標数を決める」「紙に書いて貼る」「紙を回して書き込む」などのテクニックがあります。

日本企業でブレストがあまりうまくいかない、という声を耳にすることがありますが、原因としては、上司の意見に追随する傾向が強いこと、また、洗練された意見を言おうとして一見馬鹿げて見える斬新なアイデアや思い付きを発言することを躊躇しがちであること、また結論をすぐに出したがること、などが挙げられます。ですので、ブレストを行う際には、前述したようなルールを徹底し、場所を通常のミーティングルームではなく別の場所にするなど、アイデアを出しやすい雰囲気を作り出すとよいでしょう。

また、当社の例になりますが、ブレストをオンライン上で実施する「ジャム・セッション」というやり方もあります。「ジャム・セッション」とは音楽用語で、本格的な事前の打合せもせず、あらかじめ用意した楽譜も使わずに、ジャズミュージシャンが集まって即興で演奏することです。それと同じような感覚で、特定のテーマに対して参加者が思い思いの意見を出すためのオンラインのコミュニケーションツールのことです。

オンラインですので、時間や場所に制限されることがありません。世界中の何万人もの社員が、テーマによっては当社のお客様やパートナー企業の社員の方も参加し、ビジョンや業務課題に対して様々な意見を出し合います。

「オズボーンのチェックリスト」による、見方の変え方

続いて、ブレストを考えたオズボーン氏が考案した視点の切り替えリスト、「オズボーンのチェックリスト」をご紹介します。これはSCAMPER法と呼ばれていて、リストに従って視点を切り替えて発想するというものです。ゼロベースで新しいものを作り上げるケースよりも、ある問題に対して改善策・打開案を探るケースに向いています。

SCAMPER法は次のような、リストを構成する視点の頭文字を取ったものです。

●Substitute（代用してみたら?）

●Combine（組み合わせてみたら？）
●Adapt（応用／適用してみたら？）
●Modify（変形／修正してみたら？）
●Put（置き換えてみたら？）
●Eliminate（削除してみたら？）
●Rearrange（再調整してみたら？）

たとえば1人の営業スタッフが担当する顧客が多くて、とてもすべての顧客を訪問できないとします。その時の解決策を検討するとした場合に、

「ルーティンのオーダーを頂いているお客様には、営業アシスタントに代行させてみたら？」（代用）

「発注をウェブで受け付けるシステムを導入してみたら？」（適用）

「他の営業が持っている、取引頻度の少ない顧客を中心に担当するラウンダーチームを作ってみたら？」（組み合わせ）

といったアイデアが考えられます。

「オズボーンのチェックリスト」には、さらに細分化されて、48項目に分けられたものも

あります。使い方としては、とにかく悩まずに、リストに沿って見方を変えてみること。ある視点を参考にしてもアイデアが出てこない場合には、じっくり考えるのではなく、次の視点に切り替えます。

もちろん、それでうまくいかない場合もありますが、SCAMPER法だけでも大きくは8通り、細かくは48通りの見方があります。それだけあれば、ヒントの10や20は残るでしょう。このようにしてとりあえずアイデアを出してみる、という手法です。

また、私がコンサルタントになった頃から使っている、見方の変え方もご紹介しておきます。「4つのC」と呼ばれるもので、カット（やめる）、コンバート（移管する）、コンバイン（統合する）、クリエイト（作り出す）の頭文字を取ったものです。

短期間で発想の飛躍やアイデアの数出しが求められるときは、これらリストが役に立ちます。覚えておき、視点を切り替えてシミュレーションすると発想力が向上するでしょう。

「逆から見る」ことによる見方の変え方

ある時、フォード社がデボノ博士に相談しました。

「我がフォードの作る車をもっと売るには、どうすればいいだろう？」

デボノ博士は「その問題は逆に考えなさい」と答え、「フォードのユーザーにとって、

4つのC

Cut（やめる）	●目的を明らかにし、文字どおりやめる ●重複業務等をやめる ●情報化により自動化する
Convert（移管する）	●本来それをよく知っている人にやってもらう ●取引先や顧客等、自社外での重複を排除
Combine（統合する）	●工数の平準化を行う ●専門化することで効率や品質を向上する
Create（作り出す）	●上流工程に管理機能を設定し、問題発生を防ぐ ●そもそもその業務を不要にするように工程を作る

どうしたらもっと快適にフォードに乗ることができるか」という問いについてひたすら考えさせたのです。そして考えた末に行き着いたのは、「車は欲しいけど、街に駐車場が少ないから買っても不便」という潜在顧客の声でした。それならば駐車場のビジネスをしよう、とフォード社は考えました。実際、そうすることでフォード車が売れたのです。

　これは『イノベーション・シンキング』（ディスカヴァー・トゥエンティワン）に書かれているエピソードの一つです。「逆から見る」見方の変え方の実例です。アプローチはロジカルシンキングと同じ考え方なのですが、そもそものスタート地点の設定を変えるのです。

同じような例を考えてみましょう。上司からあなたに指示が来ました。「製品やサービスへの苦情電話が多くて困っている、対応策を考えてくれ」

電話が鳴る原因を追究して、解決策をそれぞれ考えて……というのはロジカルシンキングの考え方。ラテラルシンキングで「逆から見る」なら、「苦情や声にならない不満をさらに増大させるにはどうしたらよいか」と考えたりするのです。「電話をたらいまわしにされたら不満が増す」「次の休日までに代替品が来なければ返品して競合に乗り換える」「同じことを何度も説明させられたら会社として信頼できない」など色々出てくるでしょう。「苦情を増やすには」という問いは、一見馬鹿げた問いに思えますが、こうすることで苦情につながるケースがより多く可視化され、今後予想されるリスクを洗い出すこともできるのです。そうすれば現場が場当たり的に対処するのではなく、今後を見据えた対応策が考えられます。これは、今起きている事象の原因のみを探るだけでは出て来にくい発想です。

会社の立場で困ったことがある場合、顧客やパートナー、競合など別の立場から見たり、さらに困ったことを増やすという見方に変えてみると、有効な解決策が考えられることもあると覚えておいてください。

12 ラテラルシンキングの考え方③ 組み合わせる

ランダムカードを使う

次は「組み合わせる」考え方とツールをご紹介します。ランダムカードです。

これは実話ですが、ある経営者が、発想力を鍛えるために毎朝の日課にしていることがあります。それは、カードを2枚引くということで、そのカードには色々なことが書かれており、まったく関係のない2枚のカードから、新しい商品やサービスを考えるのです。

まるで関係のないモノ同士の組み合わせで、新しい製品やサービス、アイデアが生まれることがあります。これがランダムカードという手法です。

ランダムカードで大切なのは、2つの組み合わせについて「そんなの、何の関係もない」と否定するのではなく、そこからひたすら発想を続けていくということです。脈絡のない2つのモノの組み合わせから、まったく新しい製品やサービスを生み出すという発想は、

ランダムカード

辞書やカードからランダムにカードを選定し、無理やり新商品や解決策を考える

例：時計と写真で、「親子で使えるカレンダー式アルバム」。
　　携帯と蛙でおサイフケータイ。etc.

因果関係をひもとくロジカルシンキングではまず期待できません。

もちろん、実際には到底実現できないような組み合わせも、山のように出てきます。そうして出てきた物を参考に、新しい組み合わせにつなげていくという方法もあります。

アイデアワードを使う

ラテラルシンキングには、「そんなこと、できるはずがない」というようなことからアイデアを出していく手法もあります。これからご紹介する、アイデアワードを使う方法です。

たとえばイベントに人を集めたい、とチームで考えているとします。この時、

アイデアワード

イベントに人を集めるにはどうしたらよいか？

●オバマ大統領に演説してもらう
↓
●ヒラリー氏に選挙の裏話をしてもらう
↓
●オバマ大統領のドキュメンタリーのプロモーションビデオを作って流す
↓
●オバマ大統領の演説集を先着順でプレゼントする

まず紙に「イベントに人を集めるには？」と書きます。そして次の人に、その解決のためのアイデアを書いてもらいます。この時のミソは、出だしとして、できるだけ突拍子もないアイデアを書いてもらうことです。

「ゲストとして、オバマ大統領に演説してもらう！」

もちろん、このアイデアは実現できませんよね。でもここで「できるはずがない」と却下しないのがアイデアワード。そして次の人には、先のアイデアを踏まえて、もう少し実現できそうな案を考えてもらい、書きだしてもらうのです。

「オバマ大統領はさすがに無理だから、ヒラリー・クリントン氏に来ていただいて、大統領候補選の裏話をしてもらおう！」

もちろん、これも実現できないのですが、このように「それなら、次に実現できそうなアイデアは何だろう？」と、最初のアイデアを踏襲して徐々に実現可能なアイデアを出していくのです。

この例で行けば、次に

「オバマ大統領のドキュメンタリーのプロモーションビデオを作って流そう」

と考えがつながります。しかしそれも、費用や時間や出演者などの問題で物理的に無理とわかり、次に

「イベント会場でオバマ大統領の演説集をプレゼントしよう」

という、実現できそうなアイデアに落ち着いてくるというわけです。

アイデアワードは、「それは無理」で終わるのではなく、「これが無理なら、ここまで条件を緩めたら可能かな？」というふうに、当初のヒラメキのかけらはどこかに残しつつ、徐々に実現可能なアイデアにすりあわせていくのが特徴です。

問題をたとえる

「組み合わせて考える」の3つめが、「問題をたとえる」です。これは、「Aに○○すると

いうのは、Ｂに××することに似ている」というように、ある事象を、まったく異分野の例でたとえることです。

たとえば、研修の受講率を向上させたいと考えている講師がいる場合、こんなふうに考えてみるのです。

「研修の受講率を上げることとは、歯医者に子供を通わせることと似ている」

その上で、歯医者に子供を通わせるためには何をするかを考えます。すると、

①恐怖を軽減するために、室内の装飾を楽しい雰囲気にする
②虫歯の悪影響や施術前・施術後の写真をポスターやＣＭで訴求する
③待合室に絵本をたくさん置く
④シールをあげる
⑤来院回数を減らせるように、母親に歯の磨き方を徹底する
⑥保育園や学校に行く前に来られるように早朝も営業する
⑦口コミでよい評判を広める

など、すでに歯科医院でやっている施策が思いつくでしょう。
これを研修に当てはめてみるのです。たとえば

①研修受講者募集の告知広告で堅苦しい業務研修ではなく、楽しさをにじませる
②受講した場合のスキルのビフォア・アフターを明確にする
③休憩コーナーを充実させる
④評価ポイントやノベルティグッズを与える
⑤上司への指導を徹底する
⑥早朝コースを設ける
⑦フィードバックコメントを発表する

などが思いつくでしょう。

このように少し無理矢理でもいいので、異なる職業や立場にたとえてみて、「そのココロは……」と考えてみるのです。すると意外なアイデアが出てくるものです。

問題をたとえる

例

営業部屋が報告したがらないのは、
子供が歯磨きをしたがらないのに似ている

▼

子供が歯磨きしたくなる手法を、営業部員が
自発的に報告したくなる手法として応用する

→報告したらほめまくる

→モチベーションのあがる報告グッズを持たせる

他

例

研修に人を集めるのは、
「風俗店の営業と似ている」

▼

風俗店における営業手法を、
研修の人集めに応用する

→トップインストラクターの顔写真をクラスに張り出す

→インストラクターを歩合制にする

→雰囲気をゴージャスで楽しくする

他

13 ロジカルシンキングとラテラルシンキングの組み合わせ方

① MECEやフレームワークで切り口を整理

それでは最後に、ロジカルシンキングとラテラルシンキングを組み合わせて考える、その手順について解説しましょう。本章で一番伝えたいことでもあります。

まず最初は、ロジカルシンキングからスタートします。MECEやフレームワークを使い、情報を適切に切り分けて整理します。そして、「あるべき姿」と「現状」を念頭に入れた上で、「問題」がどこにありそうかの大体の目安をつけます。

スタート地点を、ラテラルシンキングではなくロジカルシンキングとするのには、理由があります。やはり最初は、ロジカルシンキングでベースとなる全体感をつかんだり、構造化して情報を整理しておいた方がいいからです。というのも、いきなりラテラルシンキングから入ってしまうと、単なる思いつきに終わる可能性があるからです。

まずはロジカルシンキングで全体を捉え、その上で、ロジカルシンキングではリーチできなさそうな領域で、ラテラルシンキングで発想する。この順序を逆にすると、いきなり発想があちこちに膨らみすぎてしまうでしょう。

②前提を疑う

いったんMECEやフレームワークで堅実に情報を整理し、全体感を把握した後に、次に進むステップがラテラルシンキングによる「前提を疑う」です。

「まったく別の見方は考えられないかな？」
「4Pのフレームワークのうち、この前提は変えてもよいのでは？」
「ここで問題だとされていることって、そもそも本当に問題なのかな？」

ロジカルシンキングでは「疑わなかった」前提について、あえて疑い、より広範な可能性を検索します。ここで、ステップ①で「これかな？」と導き出した「問題」より、もっと妥当そうな「問題」が見つかった場合は、もう一度ステップ①に戻り、その新たな「問題」について、MECEやフレームワークをあてはめて検証します。前提から疑ったけど、やはり先程のステップ①で見当をつけた領域が一番妥当そうだ、ということであれば、次のステップ③に進みます。

2

前提を疑う

- 本当に問うべき問題か？
- ルール、前提を変える（無視する）

イシューツリーを作る前に、前提を疑って考える

例 そもそもこれは問うべき問題なのか？
なぜそれを解決しないといけないのか？
もしもXXの前提がなかったらどうなるのか？

4

見方を変える

- シックスハットで、違う立場で考える
- チェックリストで考えを広げる
- 逆から見る

例 売上を向上するには？ → 売上を下降させるには？

組み合わせる

- ランダムカードで考える
- アイデアワードで考える
- 問題をたとえてみる

ラテラルシンキング

ロジカルシンキングとラテラルシンキングの組み合わせ方

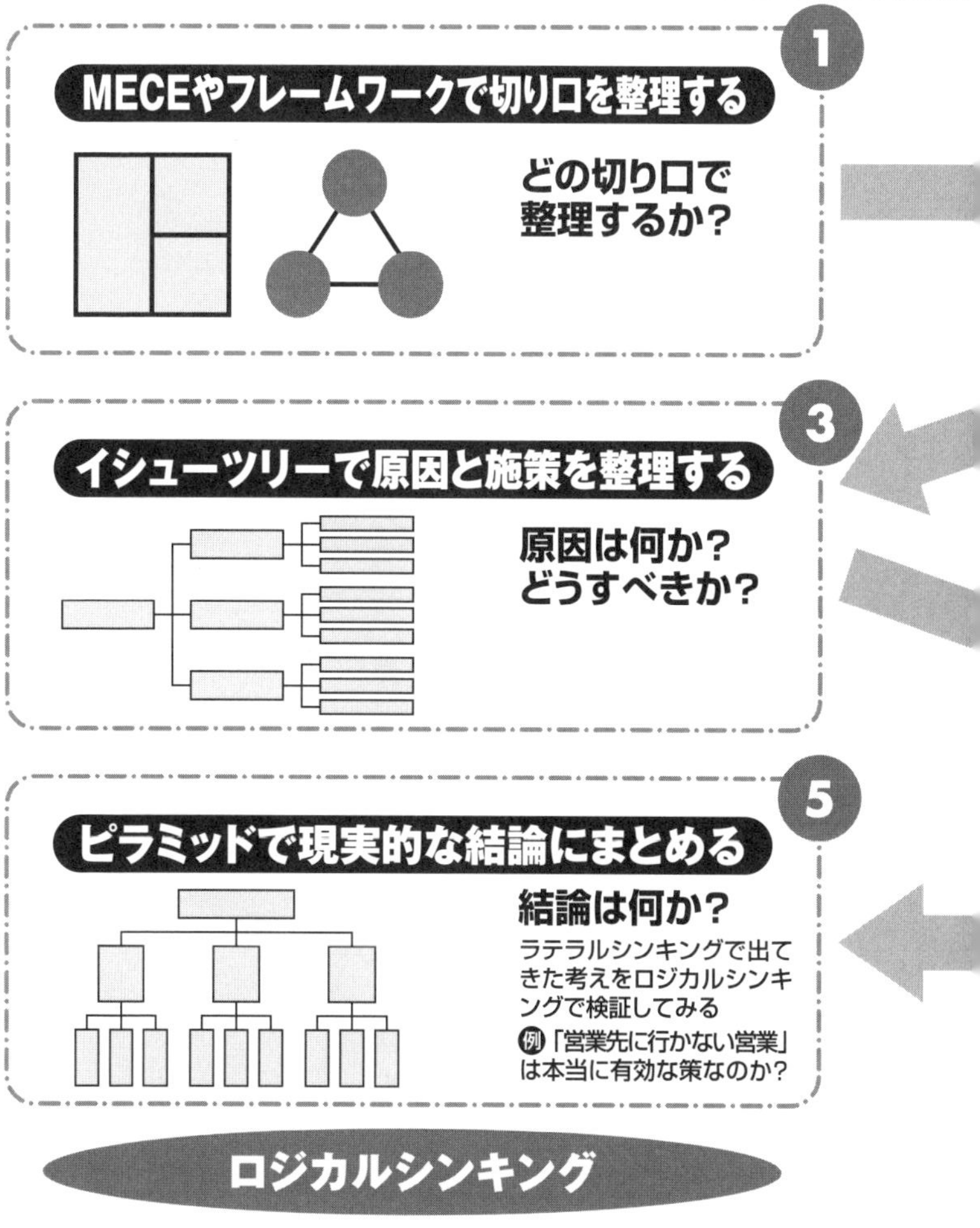
1
MECEやフレームワークで切り口を整理する
どの切り口で
整理するか？
3
イシューツリーで原因と施策を整理する
原因は何か？
どうすべきか？
5
ピラミッドで現実的な結論にまとめる
結論は何か？
ラテラルシンキングで出てきた考えをロジカルシンキングで検証してみる
例「営業先に行かない営業」は本当に有効な策なのか？
ロジカルシンキング

③イシューツリーで原因と施策を整理

ここまでのステップで、「今回の重要な『問題』は○○ではないか？」という方向性が見えているはずです。その方向性は、全体的・構造的な見方をしたうえで、さらに、前提を疑って検証しているので、短絡的に飛びついた目先のものではありません。検討すべき確度の高い状態になっているはずです。

この先は、その問題について、原因を追究していくステップに入ります。使うのは、イシューツリーです。ここでロジカルシンキングに戻ります。それが「問題」だ、ということは割とはっきりしているので、その「問題」がなぜ生じているのかを、ツリー状に分解していき、最終的に、その原因に対処する施策まで考えます。

④「見方を変える」「組み合わせる」で③以外の可能性を模索

イシューツリーで施策が導き出されました。ただし、ロジックで考えていてはたどりつかない施策もたくさんあります。そこも網羅しなくては、本当の問題解決には至りません。そこで、ロジックでは考えつかないような施策を見つけるために、ラテラルシンキングの「見方を変える」「組み合わせる」を実践します。

「シックスハット」を使い、感情的、批判的など、様々な視点から施策を検証します。また「オズボーンのチェックリスト」などのリストに当てはめて「代用してみたらどうなのかな?」「これとこれ、組み合わせてみたんだけど、どうだろう?」「これって応用きかないかな?」「これ、削除したらどうなるの?」などなど、様々な見方をしてみます。「コールセンターの人手が足りないって言っているけど、本当に足りないのかな? ユーザーからの電話が鳴りすぎているらしいけど、ユーザーが電話をかけてくる理由って製品に問題があるから? 使い方がわかりにくいから?」と、逆の立場からも見てみます。ランダムカードで色々な、そして意外な組み合わせを試してみます。アイデアカードを使って、突拍子もないアイデアを出してみるのもいいかもしれません。問題を少し強引にたとえてみて、新しい角度から施策を見てみるのもよいかもしれません。

とにかくこのステップでは、イシューツリーでは出てこなかった施策など、新しい可能性を探していきます。そして何か新しい可能性となるものが見つかれば、それが有効なのかどうかを検証するステップへと移ります。

⑤ピラミッドで現実的な結論にまとめる

ここまでで、ロジカルシンキング、ラテラルシンキングで導いた施策が、それぞれ出そろっていることでしょう。それら一通りの施策がそろったなら、最後に、本当にそれを実行すれば、問題が解決するのかを検証します。

たとえば、ラテラルシンキングから出てきた新しい可能性が有効そうであるなら、ロジックツリーのピラミッドを用いて、それが本当に有効なアイデアなのかどうか、施策であるのかを説明・説得できる構成に組み立て、検証します。ロジカルシンキングからは出て来にくい、新しい見方や発想、突拍子もないように思えるようなアイデアに対して、それがビジネスやプロダクトにつながるのかどうか、ロジックの検証を積み重ねることで現実的な結論へと収れんさせていくのです。

このようにロジカルシンキングとラテラルシンキングを組み合わせることで、理論的に整合性がとれた、しかも、思い込みや常識に囚われずに多角的に検証された課題＝「現状」「あるべき姿」「問題」の姿が浮かび上がってきます。

ここまできたら、後は次の工程である「アウトプット」で、人に伝えられる形で課題を出力することで、課題設定はいよいよ完結します。

第5章

課題設定のアプローチ③

アウトプット

——課題として出力する

1 課題をアウトプットするとはどういうことか?

課題をアクションに結びつける橋渡し

ここまでのインプット、プロセスを経て、「あるべき姿」「現状」「問題」、そしてどうすれば「問題」を解決し「あるべき姿」が実現できるのかが、なんとなく見えてきたと思います。最後のアウトプットでは、それをフォーマットに落とし込み、関係者に理解・納得してもらう形としてフィックスさせます。

課題をフォーマットに落とし込むことで、「何をやればいいのか」が明確になります。実行に結びつかない課題には意味がないので、ここできちんと、頭の中にある課題をアクションに結びつける必要があります。

また、フォーマットに落とし込むことで、課題を人に伝えることが可能になります。どこが問題点で、だから何をしなければいけないのかを、上司や顧客、関係者にきちんと伝

アウトプットで課題をフィックスさせる

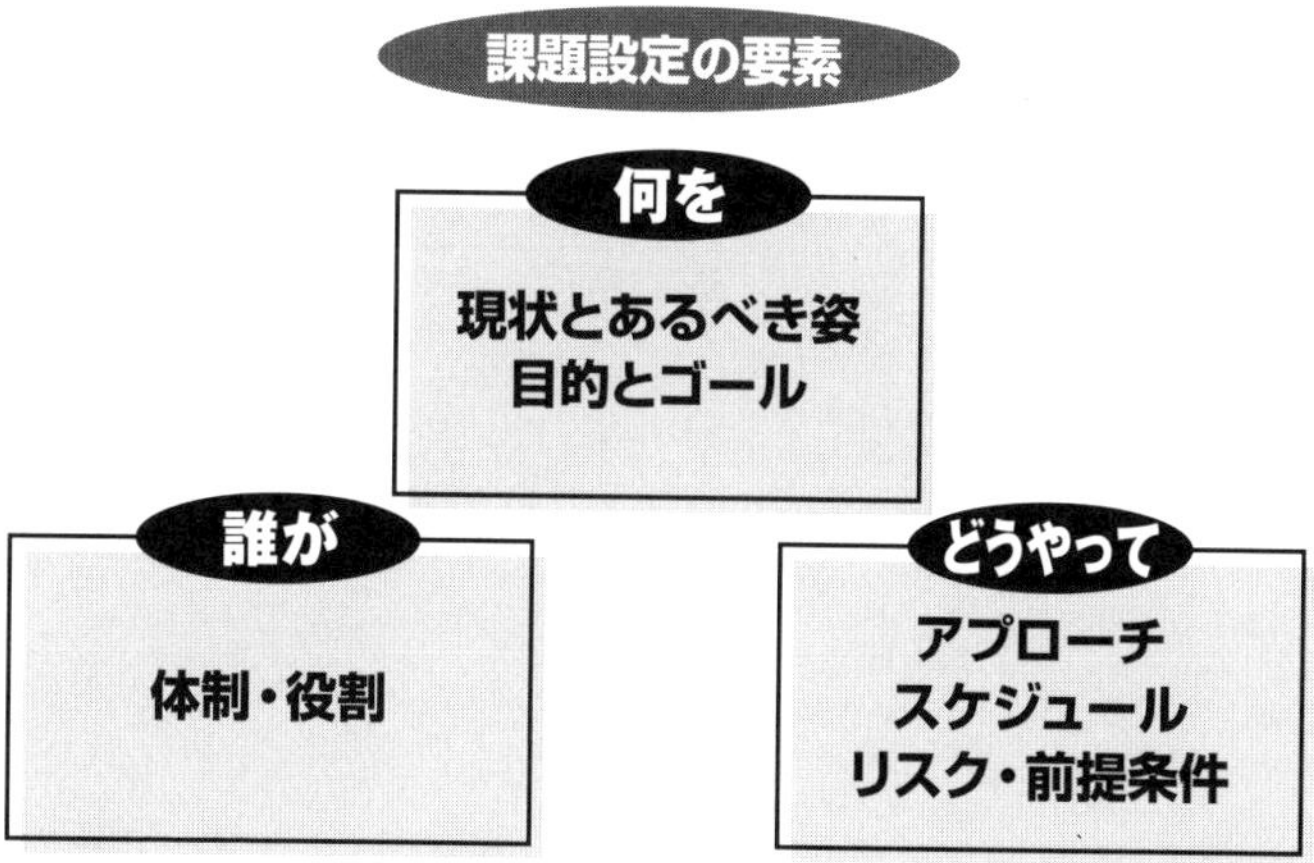

えることができます。どんなにすばらしい課題設定を頭の中でしても、第三者に伝えられない状態では、まず評価の対象にもなりません。

最後の第5章では、ここまでの検証や分析によって浮かび上がった「あるべき姿」「現状」「問題」を、アクションに結びつけるため課題として出力する方法をご紹介します。

課題として人に伝える要素は3つ

課題として伝える必要があるのは、実は3つの要素だけです。「何を」「誰が」「どうやって」やるのか。これだけです。

「何を」は「現状」と「あるべき姿」、およびそのギャップを埋めるために行う具体的な目標です。

「誰が」は体制・役割。どういったチーム編成で、誰がどういう役割をするのかという人的な要素。

「どうやって」はアプローチとスケジュール。最終的な「あるべき姿」に持っていくための具体的手順とスケジュール、押さえておくべきリスクや前提など、工程に当たる部分だと理解してください。

この3つをきちんと形にして上司や顧客、クライアント、関係者に伝えることができれば、そこではじめて「期待を上回る可能性のある課題を設定できた」と言うことができます。もちろんその後の実行をもって、期待を超える成果を出していくことになります。

ではいかにして、「何を」「誰が」「どうやって」を形にするのか。その際に便利なのが、本章でご紹介する課題設定フォーマットです。

課題をフィックスさせるツール、課題設定フォーマット

課題設定フォーマットを構成する6つのフォーマット

課題をアウトプットする時に、「何を」「誰が」「どうやって」の3つの要素を形にするため、私が使っているツールが課題設定フォーマットです。このフォーマットは、次の6つのフォーマットの集合体です。

「現状とあるべき姿」
「目的とゴール」
「アプローチ（手順）」
「スケジュール」
「体制・役割」

「リスク・前提条件」

課題を出力するにあたって、このフォーマットをすべて記入すれば、一通りの「何を」「誰が」「どうやって」を形にすることができます。

ただし、最初から全項目を、細かく記入する必要はありません。前半の3つ、「現状とあるべき姿」「目的とゴール」「アプローチ（手順）」については、課題の屋台骨とも言えるものなので、しっかりと最初に書き込む必要がありますが、他のフォーマットについては、先の3つについての合意がとれてから、追々埋めていくというケースもあります。たとえば状況に応じて、

「とりあえず『スケジュール』に関してはまだ細かく設定しなくてもいい」

「『スケジュール』までは出したけど、『体制・役割』は、まだブランクで後から相談して決めよう」

というように、臨機応変に対応していただければと思います。

各フォーマットの具体的な書き方について、以後、解説していくことにします。この課題設定フォーマットを埋めることが、本書のゴールでもあります。

課題設定フォーマット

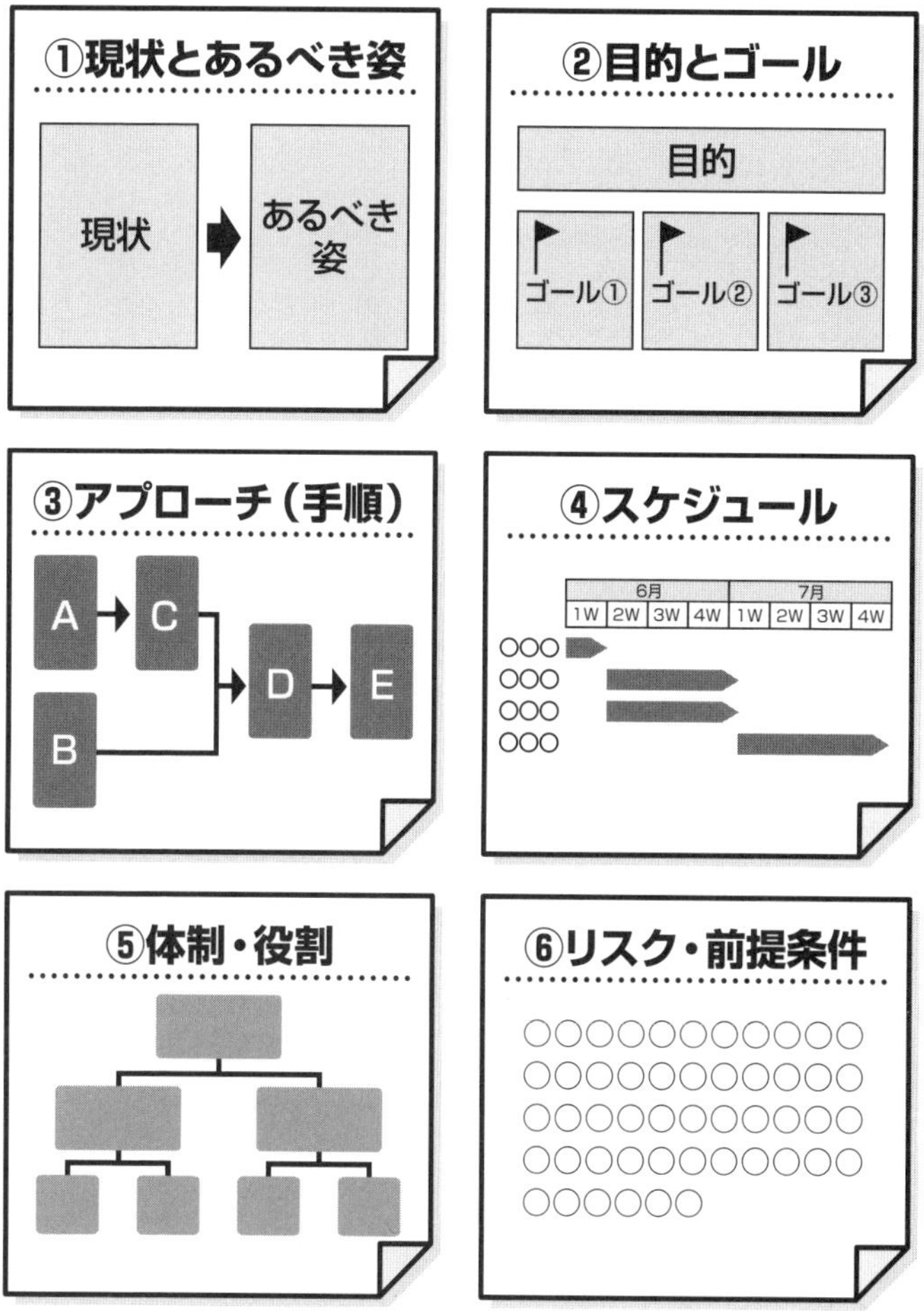
①現状とあるべき姿
現状
あるべき姿
②目的とゴール
目的
ゴール①
ゴール②
ゴール③
③アプローチ（手順）
A
C
B
D
E
④スケジュール
6月
7月
1W 2W 3W 4W 1W 2W 3W 4W
○○○
○○○
○○○
○○○
⑤体制・役割
⑥リスク・前提条件
○○○○○○○○○○○
○○○○○○○○○○○
○○○○○○○○○○○
○○○○○○○○○○○
○○○○○○

11 課題設定フォーマットの書き方①「現状とあるべき姿」

インプットやプロセスで導き出した「現状とあるべき姿」を書く

「今現在の顧客リピート率はわずか20％です。これは5社中1社しか再発注しないという状況です。これをリピート率80％、5社中4社の再発注を目指しましょう」

「現状とあるべき姿」を簡潔に言うと、こういうことになります。インプットやプロセスで導き出した、今現在の状況、そして最終的に目指すべき所を示すものです。

このフォーマットは、最初に書く、一番重要なフォーマットです。課題設定フォーマットの心臓部と言え、以後のフォーマットを記入する際に、常に起点となります。他のフォーマットを記入する際に、何か腑に落ちないこと、どうもしっくりこないことがあれば、いつでもここに立ち返ります。

課題設定フォーマット① 現状とあるべき姿

現状		あるべき姿
現在契約中のお客様から継続案件を獲得する確率が20%と非常に低い。新規獲得は提案コストや成約までの時間がかかっており、個人による勝率のばらつきも非常に大きい。	➡	お客様との長期にわたる信頼関係を築き、80%の継続案件獲得率を目指す。営業マン個人が組織力を活用できる環境で自身の能力を最大限発揮し、成果を上げている。

関心を引くためにニュース化して書く

「現状とあるべき姿」は、簡潔に伝えていればとりあえずは事足ります。でも余力があれば、もう一工夫していただきたいことがあります。

繰り返しになりますが、このフォーマットは課題設定の心臓部であり、これからこの課題に取り組む誰もが、何度となく目にします。すべてのアクションについて、「なぜ、それをしなければいけないのか」という理由の根元の部分です。

ですので書き方としては、設定された課題の達成に取り組む人たちの士気を鼓舞したり、わかりやすくする工夫が欲しい所です。これを私はニュース化と呼んでいます。

ニュース化とは、興味を引きそうな、簡潔でわかりやすい言葉を選び、やる気を起こさせる伝え方、あるいは表現です。新聞や週刊誌の見出しを想像していただくとわかりやすいでしょう。たとえば「『懸命』から『賢明科学』へ――営業改革」「営業IT化・元年」と、キャッチコピーのようなものにしたり、補完するキャプションやサブキャッチをつけたり、「今のマイナス10、2年後にみんなでプラス30に」というように、数字を用いて具体的な目標を強調したり、といった具合です。

ただし注意したいのは、誤解を呼ぶような書き方は避けるということです。スポーツ新聞や週刊誌のような、過激かつ、現実から離れた目標数字を書いても、「そんなの無理だ」と現場の反発やモチベーションの低下を招いてしまうからです。また、ネガティブな言葉も避けたい所です。「低業績からの脱却」などと書くと、共感を得られにくくなるでしょう。

「大変な状況だけど、一緒に前向きに取り組んでいきましょう」という姿勢で、やってみようと思わせるような言葉が適しているでしょう。また、イメージしにくい言葉、一部にのみ通じる専門的な用語も避けるべきです。

4 ……… 課題設定フォーマットの書き方②「目的とゴール」

「あるべき姿」になるために何を成し遂げるかが「目的」

「現状とあるべき姿」を記入できれば、次は、そのために具体的に何をやっていくのかを示します。「あるべき姿」になるためには、何をどうすればいいのか。それが「目的」になります。

たとえば「継続案件獲得率80％を実現する営業」が「あるべき姿」であるならば、そのためには「継続案件獲得率80％を実現する営業力強化の仕組み作り」というのが目的となります。「あるべき姿」を書かずに「営業力強化の仕組み作り」だけを目的にすると、様々な営業力強化の仕組みがあり得るため、関係者が思い描くものが違ってきたり、実行するうちに方向性がずれてしまうということがあります。そうならないためにも、「あるべき姿」とそれを実現するためにすべきこと＝「目的」を明記するのです。

この「目的」が一挙に実現できればいいのですが、実際には「目的」を達成するまでにいくつかのブレイクダウンが必要とされるケースがほとんどです。それが次に設定する「ゴール」です。

「目的」をいくつかに小分けしたものが「ゴール」

「目的」を達成するための小さな目標、「ゴール」を設定します。ここにはロジカルシンキングのピラミッドストラクチャーで検証した、「目的」を達成するために必要な問題解決策が並びます。

この「ゴール」はだいたい、3つぐらいにしておくのが妥当です。たとえば「継続案件獲得率80％を実現する営業力強化の仕組み作り」という「目的」に対して、「個人能力の向上」「業務効率の向上」「サポート体制の構築」という切り口で考えるなら、左の図のような3つのゴールが設定できるでしょう。

各ゴールでは、具体的な目標数字を示すようにするとさらによいでしょう。

「現状とあるべき姿」が明確でないと「目的」と「ゴール」もぶれる

「目的」や「ゴール」を設定する際に、「はたしてこの目的でよいのだろうか」「このゴー

課題設定フォーマット② 目的とゴール

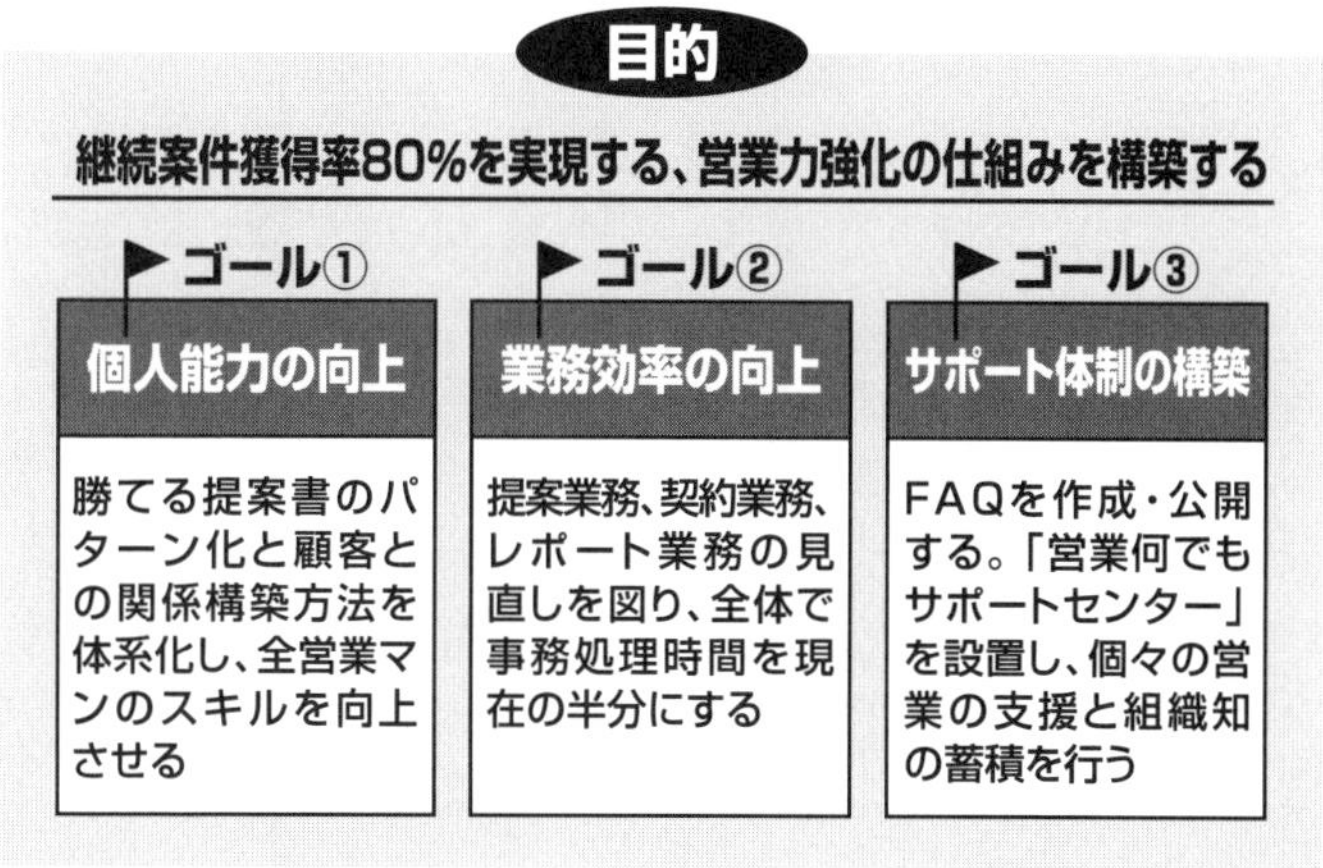
目的
継続案件獲得率80%を実現する、営業力強化の仕組みを構築する
ゴール①
個人能力の向上
勝てる提案書のパターン化と顧客との関係構築方法を体系化し、全営業マンのスキルを向上させる
ゴール②
業務効率の向上
提案業務、契約業務、レポート業務の見直しを図り、全体で事務処理時間を現在の半分にする
ゴール③
サポート体制の構築
FAQを作成・公開する。「営業何でもサポートセンター」を設置し、個々の営業の支援と組織知の蓄積を行う

ルを達成しても本当にあるべき姿が実現できるのだろうか」と、迷いが生じてくることもあります。数人で課題設定をする場合には意見の不一致も出てくるでしょう。

そのような時は常に、「現状とあるべき姿」に立ち戻り、最終的に何をすべきなのかを確認します。「目的」と「ゴール」は常に「現状とあるべき姿」のギャップを埋めることになっていなければならないのです。この因果関係をしっかりと作りこまないと、単に1つのゴールを達成するという「作業」に目がいってしまいます。

「現状とあるべき姿」がしっかりと書き込まれていて、「目的」と「ゴール」がそのギャップを埋めるという因果関係がしっかりできていれば、以降の作業や実行において、軸がぶれることが少なくなり、成果にも結びつくでしょう。

「ゴール」しか見ていないで仕事をしていても期待を上回る成果は出せない

課題の規模が大きくなり、プロジェクトとして実行するようなレベルになると、個人やチームに「ゴール」だけ割り振られ「現状とあるべき姿」や「目的」を全員が共有していない、あるいは形骸化されてしまうということがあります。

しかし言うまでもなく、課題設定で期待されているのは「目的」を達成して、「現状」と「あるべき姿」のギャップを埋めることであり、「ゴール」はその1つの実現要素にすぎません。「ゴール」を目的化して、盲信してしまったり、他の「ゴール」との関連性を軽視しないように注意する必要があります。また、「目的」を意識してチームの中で働くことこそが、期待を上回ることにもつながっていくのです。

5 ……… 課題設定フォーマットの書き方③「アプローチ」

「ゴール」に辿り着くまでの手順が「アプローチ」

次に、設定された「ゴール」を達成するための実作業を考えます。「アプローチ」は日本語で言うと「手順」にあたります。

「ゴール」は3つ程度設定するとよいと述べましたが、これらは別々の切り口で設定した目標ですから、順番に「ゴール」を達成するというよりも、パラレルに同時進行で進めていくことが多くなるでしょう。各「ゴール」にそれぞれ「アプローチ」が存在するので、並行してフォーマットに記入します。また、各「ゴール」のアプローチで関連する手順があれば、因果関係がわかるように明記します。

「アプローチ」の中の個々の作業や仕事を「タスク」と呼びます。このレベルになると実際の仕事内容がかなり具体的に見えてきているでしょう。

課題設定フォーマット③ アプローチ

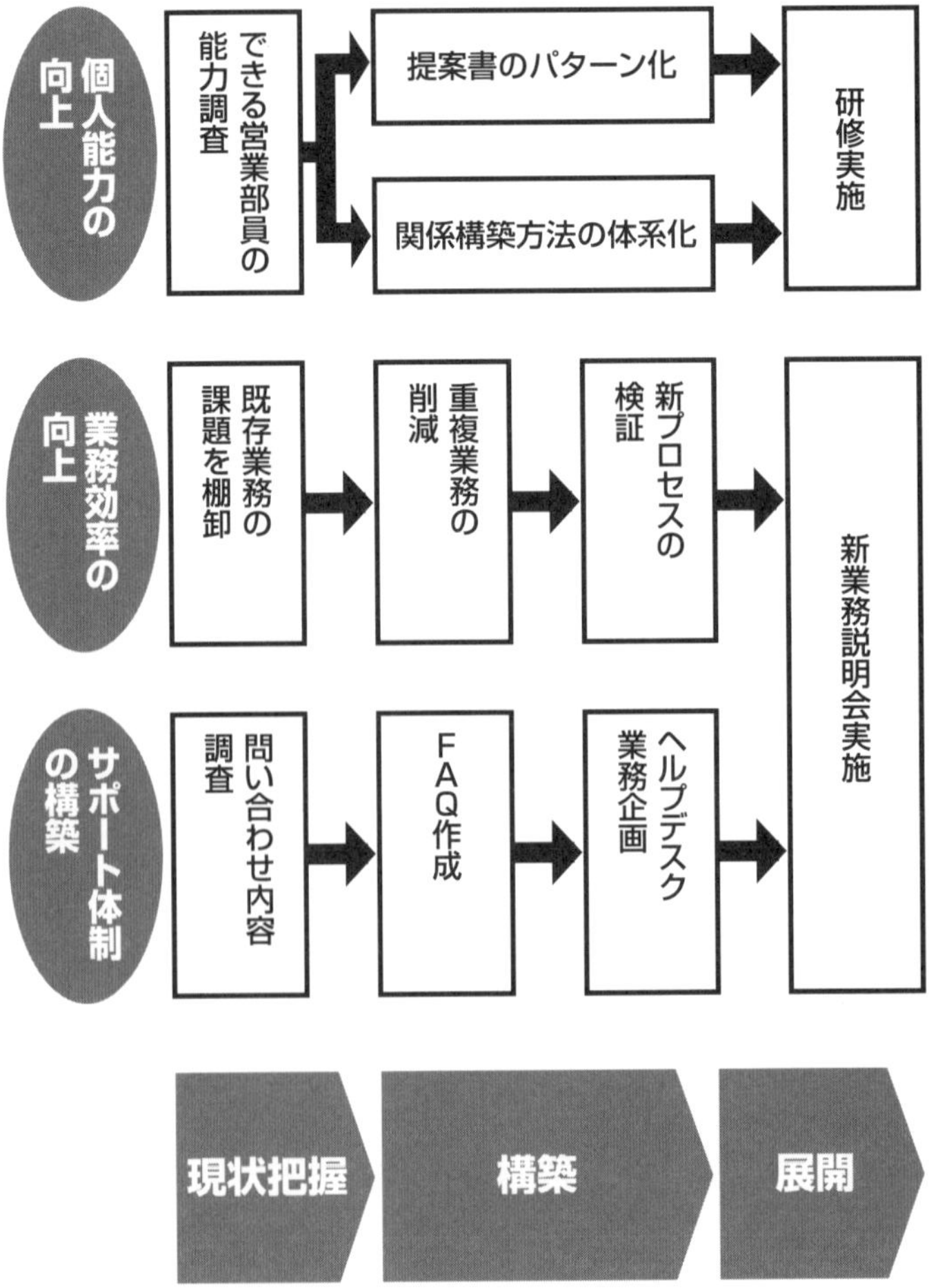

6 ……… 課題設定フォーマットの書き方④「スケジュール」

「アプローチ（タスク）」を時系列順に落とし込む

「アプローチ」や「タスク」が決まれば、これを時系列順に落とし込んでいきます。これが「スケジュール」です。

基本的に「アプローチ」を踏襲しているのですが、「〇月〇日までに実施」「調査終了の前日には作業Bの準備を開始」といった、具体的な時間設定をします。

また「スケジュール」には、これらの手順がきちんと進行し、品質が「ゴール」を達成できるレベルに保持されているのかというチェックポイントとなる報告会などのイベントも設定しておきます。

課題設定フォーマット④ スケジュール

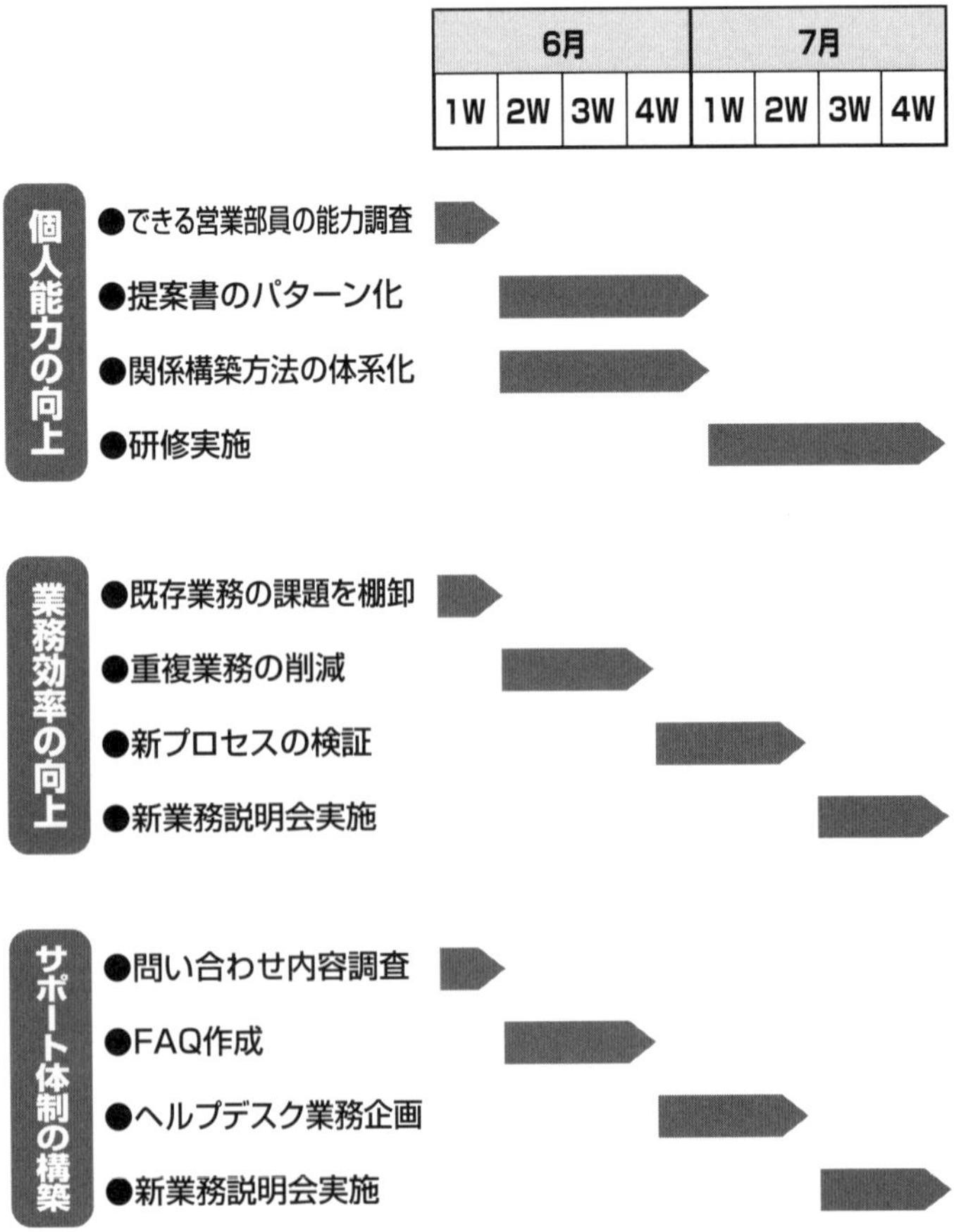

7 ………課題設定フォーマットの書き方⑤「体制・役割」

「責任者は誰」「実行者は誰」などを明らかにする

「アプローチ（タスク）」「スケジュール」と決まってくれば、次は実際に誰が動くのか、誰に権限があるかなどを「体制・役割」で確定させます。責任者が誰なのか、プロジェクトリーダーとして実行責任者は誰なのか、チームメンバーは誰なのかを決めていきます。

決まった書式はありません。ピラミッドストラクチャーになった組織図として書くケースもあれば、そこまで厳密に決めない緩やかな組織図にとどめておくこともあります。「役割・体制」は、指揮系統図を兼ねる場合もあります。「体制・役割」を決めておくことは、周囲から「○○のプロジェクトは誰が責任者？」と尋ねられた時や、協力を仰ぐ際にも説明がしやすくなります。

組織図ができあがったら、破線で「関連部門」とも紐づけておきましょう。直接何かをやってもらうわけでなくても、プロジェクトの活動結果が波及していくこともあります。そんなとき、関連部門の誰に連絡するのかなどを明記し、関係を「見える化」しておくのです。業務や課題も複雑化していますので、単独部門だけでは解決できない問題も多いもの。その場合にも、関連部門やアドバイスをもらう人物を体制図に明記しておくことで動きやすくなるのです。

「体制・役割」を「目的とゴール」より先に考えてはいけない

ところで、課題設定フォーマットは6部構成だと先述していますが、これにはきちんと順番があります。「体制・役割」の決定が5番目になっているのには理由があるのです。「体制・役割」が先に決まってしまうと、どうしてもその体制でできそうなことを考えてしまい、「あるべき姿」や「目的」「ゴール」の設定に反映されてしまうからです。期待を超えるためには、上司や顧客の期待・好みは重要な検討要素となりますが、先に人員を固定してしまうと、どうしても「できることベース」になってしまいがちです。

期待を超えるためには、「あるべき姿」を実現するのに最も相応しい体制を集めるという、プロデュース能力も必要になります。ですので、まずやるべきことを決めてから、その後に、誰をアサインするかを考えるという順序が大事なのです。

課題設定フォーマット⑤ 体制・役割

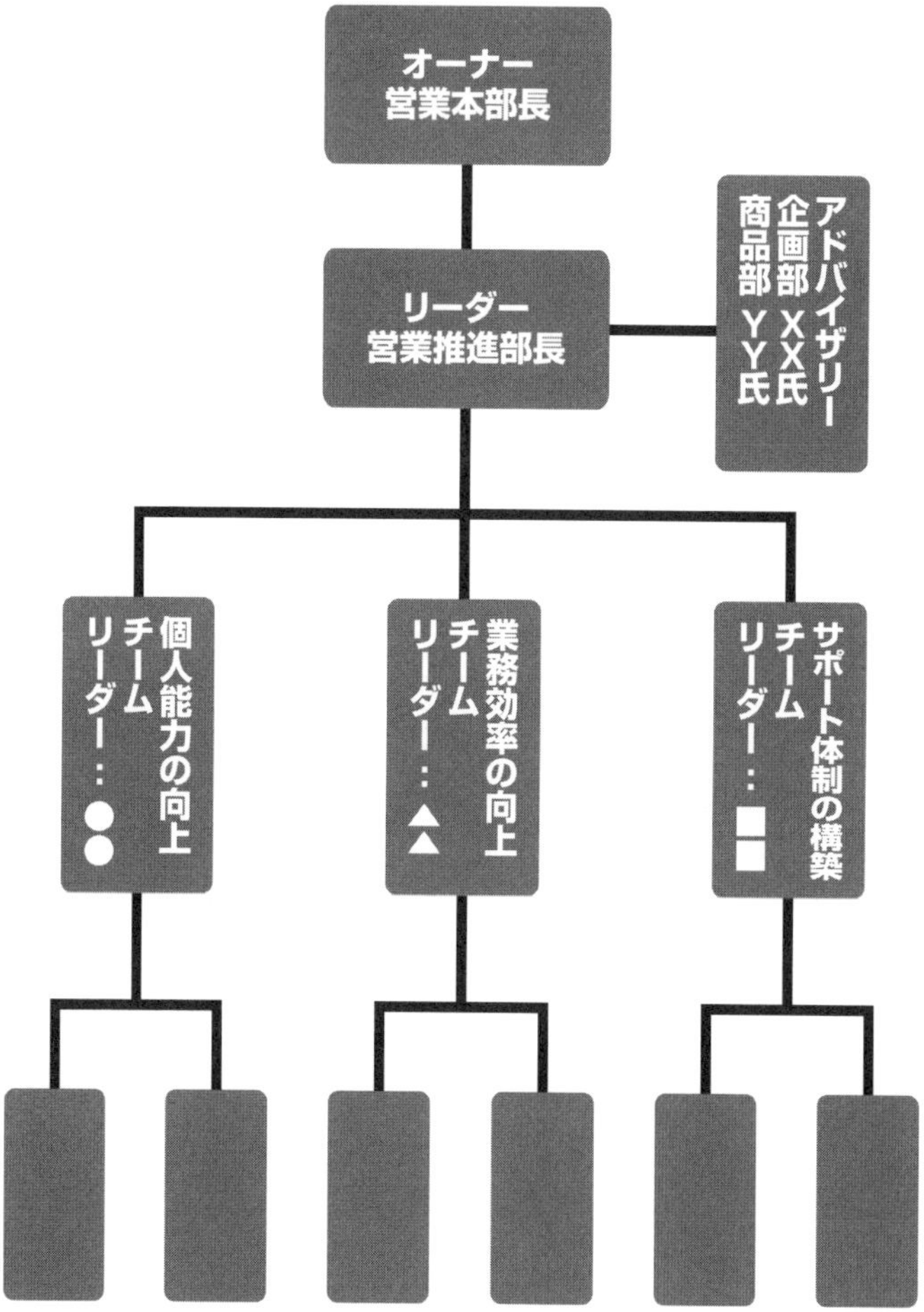

課題設定フォーマットの書き方⑥「リスク・前提条件」

課題を実行する上での注意事項

課題を実行していく上では、様々な「リスク・前提条件」が存在します。これらについても明らかにしておく必要があります。きれいごとだけ伝えていては、実行段階になって、リスクが顕在化したり、前提条件が崩れて頓挫してしまうということもあるでしょう。

「A部長が陣頭指揮に立ち、B部門の協力があることが前提条件です」といった人に関する前提条件や「為替レートが円高に推移し続けるとプロジェクトの効果は半減です」など外部環境から受ける成果への影響、最低限必要なコストなどをここでまとめておきます。

「リスク・前提条件」は最後に見せる

「リスク・前提条件」は、課題設定フォーマットの中でも最後に見せた方がよいでしょう。

課題設定フォーマット⑥ リスク・前提条件

例

●優秀な営業部員からのヒヤリング時間確保
→ オーナーからの特命

●業務改変に伴う、各部門の抵抗
→ 各アドバイザリーを通じた理解浸透

●7月以降の組織改変
→ スケジュールの確認と本活動継続の周知

というのも、最初に「リスク・前提条件」を見せると、それだけで拒否反応を示し、他の項目を見る目が変わってしまうことがあるからです。

リスクや前提条件を隠して実行の承認を得るのは、逆にリスクを高めることになるのでやるべきではありませんが、知らせる順番によっては、「ぜひ取り組もう。実現は意義があることだから、そのリスクと前提条件は対応策を決めておこう」となることもあれば、「そんなリスクがあるなら、もう他の詳細は聞くまでもない」という正反対の反応が返ってくることもあるからです。

9 ……「現状とあるべき姿」を伝えるテクニック① ハリウッドテンプレート

関係者をその気にさせる課題の伝え方

課題を提示して会社の問題を改善したり、改革を実現する――言葉にすると簡単ですが、実際に始めるとなると大変な労力、時間がかかるものです。

課題を提示するプレゼンテーションの場では、それに携わる人にやる気を出してもらえるよう、説得する必要があります。どんなにすばらしい課題を設定しても、取り組む方々に乗り気になってもらわなければ、うまくいきません。「企業の根底には感情が流れている」ということを忘れてはならないのです。

では実際、課題をプレゼンテーションする際、どのように伝えれば奮起を促せるでしょうか。もともとしゃべり上手な人は別として、口ベタな方でも、聞く人をその気にさせるヒントの1つとして、ハリウッド映画があります。

ストーリー訴求のためのハリウッドテンプレート

今までは、XXXという状況であった。【現状】

↓

今、XXXという変化が起きて、変わることを迫られている。【環境変化】

↓

しかし、XXXという大きな障害を抱えている。【阻害要因】

↓

それでも、XXXを目指すことを決意する。【あるべき姿】

↓

実行にあたってはXXXという困難が予想される。【リスク】

↓

クリアすれば、輝かしい未来が待っている。
（もしくはクリアしなければ未来はない）【ビジョン】

ハリウッド映画を課題設定の参考に

　ハリウッド映画の脚本には、すべて該当するとは言わないまでも、観る者を惹きつける一定のストーリー展開があります。何かが欠落した・させられた主人公が、困難・選択に対する葛藤・障害を乗り越え、遠く険しい目標やゴールを達成するというストーリー展開です。このハリウッド映画のストーリー展開を、プレゼンテーションに応用するツールが、ハリウッドテンプレートです。

　このテンプレートに沿ってプレゼンテーションをすれば、ビジネスの話といえども、聞く者の注意を惹きつけやすくなります。

10 ……「現状とあるべき姿」を伝えるテクニック② ベルビン・ロールモデル

相手によって、伝え方・協調ポイントを変える

ストーリー仕立てで説明をする際、注意したいのは、相手のタイプによってどんな話し方だとウケがいいのかが変わってくるということです。ですから、話す相手のタイプに合わせて強調するべきポイントを変えたり、見せ方を考えたりすることが効果的です。

そのために利用したいのが「ベルビン・ロール」です。このモデルで示されている、タイプ別の考え方や好みの傾向分析を利用して、それに応じた伝え方をするのです。

●コーディネーター（調整者）

ビジョンを描いたり、リーダーシップを取るのが非常に得意なタイプですので、「あるべき姿」に共感してもらうこと、または「あるべき姿」の伝道師となってもらうとよいで

しょう。また、コーディネート業務も得意ですので、「体制・役割」について相談などをすると、関係者を巻き込むなど、協力してくれる可能性が高いでしょう。

●シェイパー（意志形成者）

短期間で素早く成果の出るクイックウィンやスモールスタートを好むタイプで、逆に具体性がない「あるべき姿」や「目的」は好みません。協力を得るには、「まずはこれをやりましょう。1ヵ月で成果を実感できます」と具体性を強調し、小さくてもいいのでまず弾みをつけます。また、結果を重視するタイプなので、具体的な成果を提示しましょう。

●プラント（創造者）

大胆なディシジョンやリーダーシップを取るのは苦手なタイプです。そこで相手のアイデアを取り入れてみます。「部長がこうお考えだったので、それに沿ってやりたいと思います」と、その人自身の考えを取り入れていますよ、という同調の姿勢を見せるのです。また、人の管理や統制は苦手なタイプなので「体制・役割」の中に、管理・統制が得意な人をサブリーダーとして入れておくとよいかもしれません。

●モニター・エバリュエーター（監査役）

冷静なタイプなので、ストーリー仕立ての説明にもあまり心を動かされず、「なぜ、やらなければならないのか」という根拠の説明がとても重要になります。そのためには課題を提示する際は、数値をもとに説明したり、様々な角度で分析したり色々な人の意見を取り入れて検証したことを協調して説明するとよいでしょう。

●インプリメンター（実行者）

確実に実行することが得意なので、難易度が高いドラスティックな変化を好みません。課題を提示する時には、新規性・革新性より、時流に対して最低限必要な変化であることを強調した方がよいでしょう。また、それができるのかできないのかという所にこだわりますので、「アプローチ」や「スケジュール」について細かく説明する必要があります。

●リソース・インベスティゲーター（調達係）

関係者を巻き込むことが得意ですので、うまく協力してもらいたいタイプです。ただし話が拡散しやすく、「AもBもCもやろう」ということになりがち。「現状とあるべき姿」「『目的とゴール』を最優先としてやること」を、お互いに確約しておくとよいでしょう。

●チームワーカー（協調者）

和を大切にするタイプですので、「反対があっても断行する」というストーリーを強調するよりは、「関係者のデメリットをいかに軽減できるか」「コンセンサスをどうとっていくのか」というポイントを押さえ、安心してもらう方がよいでしょう。そういった観点からアドバイスをもらうことも、自分では見えていないリスクを知る上で有効です。

●コンプリーター・フィニッシャー（完璧主義者）

良い成果をもたらす課題だとわかっていても、リスクが気になるタイプです。「リスクと前提条件」をきちんと捉え、回避の手段を考えていることを強調しましょう。また、できていないことをネガティブに捉えがちなので、「ゴール」は確実性の高い「ミニマム・ゴール」を設定し、実際にはそれ以上の成果を出すようにするとよいでしょう。

成果を出すためには、課題の内容そのものを変えてしまっては意味がありません。あくまでも「あるべき姿」をスムーズに実現するために、最もよいやり方・説明の仕方は何かという視点から、相手に合わせた説明・説得をすることが必要です。

おわりに

当社の若手コンサルタントの育成方法についてお客様にお話ししていた際に「同じ学歴で入社し、分析力や実行力などの問題解決スキルもあまり違わないように見えるのに、どうして仕事の成果に差が出てくるのか教えてほしい」と言われたことが、本書を執筆するきっかけとなりました。

問題解決の様々なテクニックやノウハウは、体系化・一般化され、コンサルタントだけが活用するものではなくなりました。となると、「どれだけ仕事で成果を出せるか」は、周囲の人々の期待や複雑な環境から、いかに「何をすべきか」を見つけ出して構想し、実行につなげていくか、つまり課題設定というコアスキルにかかってくると言えるでしょう。

本書では、暗黙知として行われている部分が多い課題設定のノウハウを体系化しましたが、いかがだったでしょうか？

私事で恐縮ですが、本書の執筆を始めたのは、ちょうど娘が1歳になり会社へ復職したときでした。仕事に費やす時間は以前に比べてかなり減らさざるを得ませんでしたが、期待に応えたい、それによって充実感を得たいという思いは、強くなりこそすれ、弱くなってはいません。自分に与えられた時間や気力・体力・知識・能力などの資源をどう活かすかについて、以前よりも真剣に考えるようになり、課題設定力を高めることは今の私にとってますます重要になりました。

ビジネスの現場は過酷さを増しています。高いモチベーションを維持し続けて、ハードワークを続けることにも限界がありますが、ワークライフバランスというスローガンの下に仕事の実働時間を減らすだけでは、成果も充実感もなかなか得ることができません。

正しい課題設定をして、自己資源を効果的・効率的に投下することは、プロフェッショナルとしてかけがえのない存在になるためのみならず、一緒に仕事をする人や家族や自分が幸せになるためにも必要だと思っています。

本書の執筆の機会を与えてくださった東洋経済新報社の齋藤宏軌さん、ご尽力いただいた皆様、支えてくれた家族に心から感謝します。

2009年7月

清水久三子

著者紹介

IBM ビジネスコンサルティング サービス（IBCS）アソシエイトパートナー．

1969年，埼玉県生まれ．お茶の水女子大学卒．大手アパレル企業を経て，1998年にプライスウォーターハウスコンサルタント（現 IBCS）入社．新規事業戦略立案・展開支援，コンサルタント育成強化，プロフェッショナル人材制度設計・導入，人材開発戦略・実行支援などのプロジェクトをリードし，企業変革戦略コンサルティングチームのリーダー，IBCS 研修部門リーダーをつとめる．

プロジェクトマネジメント研修，コアスキル研修，リーダー研修など社内外の研修講師をつとめ，延べ1000人のコンサルタントの指導育成経験を持つ「プロを育てるプロ」として知られている．

著書に『プロの学び力』（東洋経済新報社）がある．

プロの課題設定力

2009年 8 月13日　発行

著　者　清水久三子《しみずくみこ》
発行者　柴生田晴四

〒103-8345
発行所　東京都中央区日本橋本石町 1 - 2 - 1　東洋経済新報社
電話　東洋経済コールセンター03(5605)7021　振替00130-5-6518
印刷・製本　廣済堂

Printed in Japan　ISBN 978-4-492-55652-8　http://www.toyokeizai.net/